マンガ版

子どもが伸びる！コーチングブック

菅原裕子〔監修〕
米澤佐知子＋畑さち子＋中曽根陽子〔著〕
ひらさわきょうこ〔イラスト〕
～NPO法人ハートフルコミュニケーション～

合同出版

ハートフルコミュニケーションからあなたへ

～お子さんの人生最初のコーチになってみませんか？～

子育てをしていると、小さなことから大きなことまで
毎日いろいろなことが起こります。
親として嬉しくなることや楽しくなることもたくさんありますが、
時として、「うちの子、どうしてこうなの！」とイライラしたり、
「このままでいいのかな」と不安になることもあるでしょう。
「ちゃんと育ってほしい」「この子のために」と頑張っているのに
うまくいかないと、壁にぶつかったように感じて、
子育てに自信をなくしてしまうこともあるかもしれません。

そんなときは、今のやり方で無理をしないで、
ちょっと立ち止まってみてください。
子育てのやり方はひとつではありません。
うまくいかないということは、よりよいやり方がほかにあるというサイン。
違うやり方を試すチャンスです！

この機会に、お子さんのコーチになってみませんか？
そうです、スポーツの世界でおなじみの、あのコーチです。

スポーツのコーチは、選手をしっかり見守って個性や今の状態を
よく知ったうえで、その持ち味を発揮できるように働きかけ、

実際に試すチャンスを与えて、選手の力を引き出します。
そのやり方を子育てにも応用して親が子どものコーチとなれば、
子どもは持って生まれたその子ならではの力を存分に発揮しながら、
幸せに自立していくことができます。

では実際に、コーチとして何をすればよいか。
子どもにどんな働きかけをして、どうチャンスを与えれば、
子どもの力をうまく引き出せるか。
この本でその具体的なやり方をご紹介します。

この本の企画・執筆・編集すべてを、ハートフル・コミュニケーションを学び、
全国で活躍しているハートフルコーチたちが担当しています。
親が悩みがちな事例をマンガで取り上げながら、
コーチとしての働きかけ＝コーチングのコツをお伝えします。
「自分だったら、どうするだろう？」という視点で読めば、
すぐにでもあなたの子育てに活かせることばかりです。
「これ、できそう」と思ったものから、実際にやってみてください。
あなたがやり方を変えれば、子どもの反応も変わります。
「やってみたら、うまくいった」体験が自信となって、
あなたのイライラや不安を吹き飛ばしてくれるでしょう。

もくじ

ハートフルコミュニケーションからあなたへ
この本の使い方

1章 親の役割

Case 01 ついつい、子どもの宿題に手を出してしまいます。… 14
Case 02 友だちとうまく遊べないので、心配です。… 16
Case 03 宿題を後回しにして遊んでいるので、イライラします。… 18
Case 04 友だちが少ないみたいで、心配です。… 20
Case 05 時間がないときに、子どもの仕事に手を出しては自己嫌悪。… 22

Work 01 今、あなたはどんな親？… 24
Work 02 あなたがしていることは「ヘルプ」？「サポート」？… 26
Work 03 ヘルプをサポートに切り替える … 28

2章 愛すること

Case 06 子どもに「もっともっと」と期待してしまいます。 ... 34
Case 07 何をやってもダメな子だと思ってしまいます。 ... 36
Case 08 「どうせできない」、「絶対無理」が口癖の子どもが気がかりです。 ... 38
Case 09 「自分が一番！」と思っているわが子が不安です。 ... 40
Case 10 小学生になっても「抱っこ」をせがむ子ども。甘やかしていて大丈夫？ ... 42

Work 04 子ども自慢をしましょう！ ... 44
Work 05 ポジティブシンキング！ ... 46
Work 06 大好きな○○へ ... 48

3章 責任

Case 11 遅刻を私のせいにします。 ... 54
Case 12 忘れ物が多いので、そのたびに学校に届けようか迷います。 ... 56
Case 13 友だちとの約束を平気で破ってしまう子どもが心配です。 ... 58
Case 14 約束を守らせたいあまり、かえって口うるさくなってしまいます。 ... 60
Case 15 何度言っても約束を破るので困っています。 ... 62

Work 07 できること探し ... 64
Work 08 これから子どもに任せたいこと ... 65
Work 09 いざ、チャレンジ！ ... 66

エピソード1 子どもに任せてうまくいったこと ... 68

4章

人の役に立つ喜び

Case 16 人助けをあまりしない子どもをなんとかしたいのですが。 … 72

Case 17 お手伝いを頼むとかえって面倒なことになってしまいます。 … 74

Case 18 「お小遣いをくれるなら手伝う」と言われてしまいました。 … 76

Case 19 お手伝いを頼むと、「ありがとうって言って」と催促されます。 …78

Case 20 空席にわれ先に座る子どもに、思いやりを教えたいのですが。 … 80

Work 10 感謝の気持ち … 82

Work 11 子どものお手伝いチェック … 83

Work 12 あなたの気持ちを言葉にしましょう！ … 84

エピソード2 人の役に立つ喜びを知った子どもの、いい話！ … 86

5章

聞き方・伝え方

Case 21 忙しいときに
話しかけてこられるとイライラしてしまいます。 … 88

Case 22 子どもが話してくれないので寂しい気持ちになります。 … 90

Case 23 子どもの元気がなくて、心配です。 … 92

Case 24 「どうでもいい～」とはっきりしないのが、気がかりです。 ... 94

Case 25 子どもから「うるさい、ほっといて」と言われ、心がざわつきます。 ... 96

Case 26 何度叱っても、子どもが電車の中で騒ぐので憂うつです。 ... 98

Case 27 使ってほしくない言葉を子どもが気軽に使うのが気になります。 ... 100

Work 13 あなたのまわりにいる聞き上手な人って、どんな人？ ... 102

Work 14 コーチング的会話レッスン ... 104

Work 15 伝え方　3ポイントアドバイス ... 106

6章 こんなときどうする？

Case 28 いくら言っても、片づけができないので困ります。 ...108

Case 29 兄弟げんかがひどいので、なんとかしたいのですが……。 ... 110

Case 30 「ごめんなさい」が言えない子どもに、どう対応したらいい？ ... 112

Case 31 点数の悪いテストを隠すようになりました。 ... 114

Case 32 子どもがウソをつくようになって、心配です。 ... 116

Case 33 お金の使い方が計画的でないので、なんとかしたいのですが。 ... 118

Work 16 怒りのスイッチを切る ... 120

この本の制作に関わったハートフルコーチから読者の皆様へ ... 122

NPO法人ハートフルコミュニケーションの紹介 ... 124

あとがき ... 126

ブックデザイン　岡田恵子（ok design）

この本の使い方

1.　2.

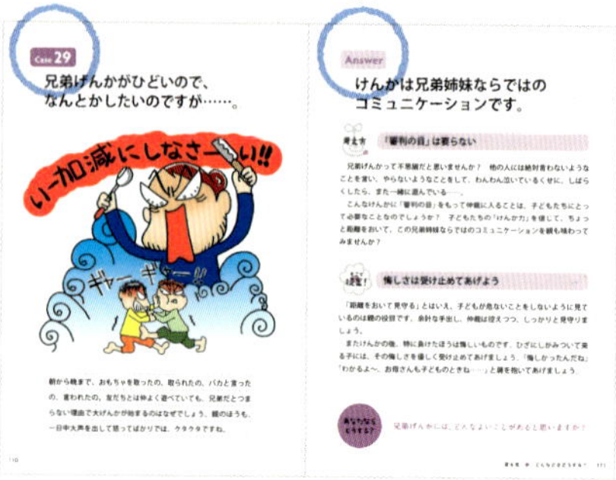

3.

1.

Case では講演会やワークショップでよく寄せられる質問や相談を取り上げ、イラスト化しました。

2.

Answer はハートフルコミュニケーションの考え方に基づく問題解決策のひとつです。答えはひとつではありません。

考え方　でその解決策の根拠を知り、

↓

そこで提案!　で実践のアイデアに触れながら、
あなたらしい解決策を考えてみてください。

↓

あなたならどうする?　あなたらしい解決策を見つける大事なステップです。
視点を変えることや自分の経験を振り返ることが、
解決のための思いがけないヒントとなります。

3.

Work　各章のまとめにワークがあります。
自分と対話しながら答えを書き込んでいくうちに、
その章での学びをあなたの子育てに活かすための
具体的方法が見つかります。
文字にすることで自分の考えを整理することもできます。
時間を置いて繰り返し書き込めば、
あなたとお子さんの成長も実感できるでしょう。

1章

親の役割

親がコーチになるための基本スタンス

具体的事例に入る前にまず、スポーツのコーチを例にしながら、親が子どものコーチとなるときの基本的なスタンスをお伝えしましょう。

1．子どもの力を信じる

当たり前のことですが、コーチは選手ではありません。試合に出るのは選手です。ピンチのときでも、コーチが代わることはできません。だからこそ、普段から選手の力を信じて関わっていくことが大切です。どんなときでも選手の力を信じていれば、選手の頑張る姿をしっかり見守ることができますし、選手がミスをしたときそれをプラスに活かしていく働きかけができます。

コーチが選手の力を信じていれば、選手も自分に自信が持てます。自分の力を信じて練習に取り組めますし、試合でも十分に力を発揮して、ピンチも切り抜けられるでしょう。

親子の関係でも同じです。どの子も、その子ならではの力を持って生まれてきています。親がその力を信じれば、子どもも自分の力を信じるようになります。そして、親の信頼を感じながら、自分らしくのびのびと成長していくことができます。

2．できることは、任せて見守る

子どもの力を信じて、子どもを「できる子」として捉えるようになると、子どもとの接し方も自然と変わります。

子どもを「できない子」として捉えているときは、子どものすることについ手出しや口出しをしてしまいます。子どもが自分でやろうとしていても、「ああしなさい」「こうしなさい」と指図したり、失敗を恐れてやらせなかったり、「まだ無理」と決めつけて親が代わりにやってしまったり……ということが起こりがちです。親にとっても子どもにとっても、たいへんなストレスです。

ところが、子どもの力を信じるようになると、子どもが自分でやってみることを尊重できるようになります。余計な手出しや口出しがぐっと減って、子どもができること・できそうなことはできるだけ子どもに任せて見守るようになります。

子どもにとっても、自分でできることが増えることは嬉しいことです。「自分でできた！」という喜びと自信が、子どもを次のチャレンジへと向かわせてくれます。

3．子どもの「今」をよく観察する

コーチとして子どもと接するときは、子どもが今どんなことができて、どんなことができないかをよく知っておくことも大切です。そうすれば、どこまでは子どもに任せて、どこからは親がするかを適切に判断できるからです。

たとえば、小学校に入学したばかりの子どもがいるとします。まだ字は書けないので、教科書やノートの名前は親が書きます。子どもは、その教科書やノートをランドセルに入れることはできますから、その準備は任せて見守ります。

このように、子どもがまだ自分でできないことを親が代わりにすることを「ヘルプ」、自分でできることを任せて見守ることを「サポート」と言います。子どもの「今」をよく観察して、「ヘルプ」と「サポート」をうまく使い分けると、子どもが持っている力もいっそう引き出しやすくなります。

4．成長に合わせてサポートに切り替える

子どもは日々成長します。昨日までできなかったことが今日もできないとは限りません。やっとハイハイしはじめたと思ったら、あっという間にすばやく移動できるようになって驚いたといった経験は、あなたにもあるのではないでしょうか。

そうした日々の成長をしっかりキャッチして、ヘルプをサポートへと切り替えていけば、子どもはできることを確実に増やしていくことができます。

あとは、「幸せに生きていくためにこれだけは教えておきたいこと」を教えれば、子どもは毎日の体験からたくさんのことを学びながら、順調に自立していくことができるでしょう。

では、「幸せに生きていくためにこれだけは教えておきたいこと」とは、いったい何でしょうか？

……少し先を急ぎすぎました。それについては２章以降でお伝えすることとして、この章ではまず、「子どもの力を信じて、任せて見守る」親＝コーチとしてのスタンスをしっかり身につけていきましょう。

Case 01

ついつい、子どもの宿題に手を出してしまいます。

子どもの宿題や夏休みの自由研究などについつい手を出したことはありませんか。「ちょっとだけ」「手伝うだけ」のつもりが、いつの間にかやっているのは自分だけ……なんていうことも。

でも、それでは子どものためにはなっていませんよね。

Answer

子どもに任せて見守りましょう。

考え方　手を出す動機と理由を振り返ってみよう

手を出す動機は、さまざまでしょう。「むずかしそうだから」「間に合いそうにないから」「もっとよくしたいから」……。でも、もしその動機の奥に、「私が手伝わないと、（ちゃんと or うまく）できないから」という思いがあったとしたら？　あなたの手出しが、子どものやる気と「できる力」の芽を摘んでしまっているかもしれません。

そこで提案！　子どもの仕事は子どもに任せて、「できる力」を育てるサポートを

子どもは本来やりたがりです。１歳前後から自分で持つこと、自分で食べることなどの主張を始めます。「できることは自分でやりたい」という自立への欲求の始まりです。親はその欲求に応えて、子どものやりたがることを子どもに手渡していくことが大切です。任せれば、子どもは自分で何とかしようとするし、自分で考えて工夫するようになります。

今すぐ、完璧にできなくてもいいではありませんか。繰り上がりの計算にうんと時間をかけているとしても、そんな時間の使い方ができるのも今だからこそ。成長の貴重な１コマです。

あなたならどうする？

「子どもに任せてみたらできた！」という体験、
どんなことがありますか？
そのときお子さんはどんな様子でしたか？

Case 02

友だちとうまく遊べないので、心配です。

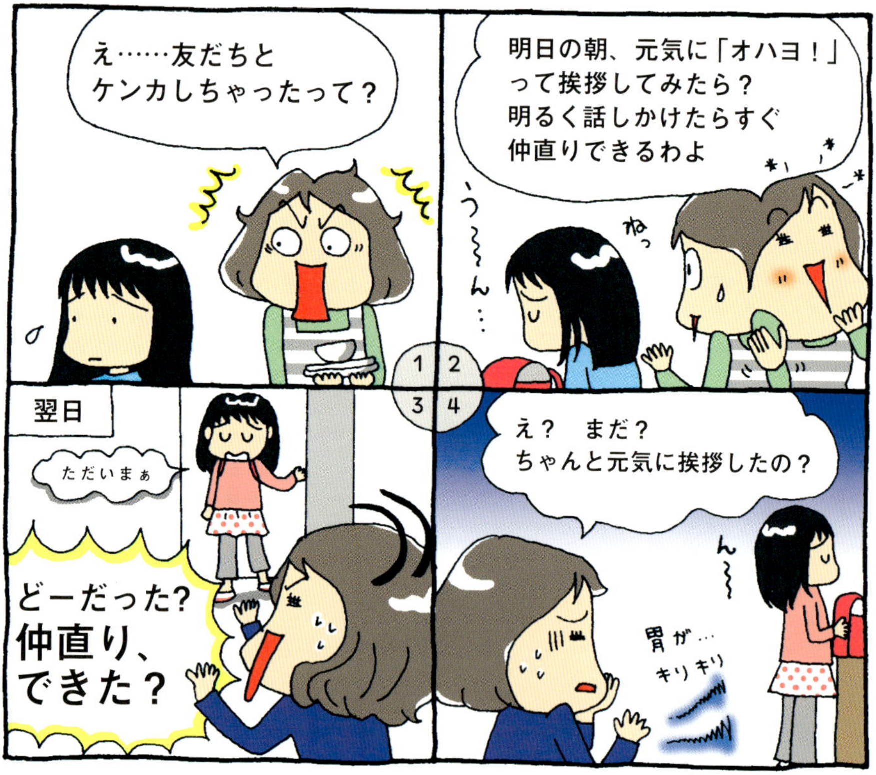

子どもがトラブルを抱えていたり、悩んでいるときに見守るのは親としてもつらいもの。でも焦って解決に乗り出しても、よい結果に結びつくとは限りません。それどころか、かえって問題を複雑にしてしまうこともあります。

Answer

子どもは今、それを学んでいるところです。

考え方

子どもは自分で解決する力を持っている

親の考えた解決方法を押しつけることは、子どもが自分で問題を解決するチャンスを奪うことでもあります。子どもの力を信じてください。そのうえで、子どもが自分で問題を解決できるようなサポートをします。

子どもが自分の問題を引き受けて自分の力で乗りこえていく姿が、見守るつらさを喜びに変えてくれるでしょう。

そこで提案！

「これから何ができるか」を子どもに考えてもらおう

まずはどんなときにケンカになるかを把握します。どんなときにケンカになりやすいか、どんなときは楽しく遊べているかをよく聞きます。子どもが話し始めたら静かに耳を傾け、状況を一緒に整理しながら、解決のために何ができるかを尋ねます。

ポイントは、「ケンカの原因」を分析する意識ではなく、「仲よく遊ぶ方法」を探す意識を持って子どもに接すること。たとえば、「どうしたらケンカをしなくてすむと思う？」という質問を「どうすれば楽しく遊べるかな？」と変えるだけで、子どもはケンカをした嫌な気分から解放されて、自由な発想で解決策を考えられます。

あなたならどうする？

どうすれば、親子が笑顔の時間を増やせますか？

Case 03

宿題を後回しにして遊んでいるので、イライラします。

子どもに任せて「手出し口出しをしない」って決めたから黙っているけれど、子どもはそんなこと知っちゃいない。
でも、そのまま「任せたんだから自分でやって」とほったらかしていていいのでしょうか？

Answer

習慣づけのサポートをしましょう。

考え方

親がペースメーカーとなって、子どもの習慣づけを軌道にのせる

「任せる」ことは、放任することではありません。「やりなさい」などの指図や余計な手出しはしないかわりに、子どもが自分で取り組めるように環境を整え、子どものやる気を起こし、励ますことが親＝コーチには求められます。

楽しいことから先にやりたくなるのは大人も子どもも同じ。それだけに、学習や片づけなどの「するべきこと」を習慣づけるためには、初めのうちは親がペースメーカーとなることも必要です。

そこで提案！

同じ時間に一緒の場所にいることも、サポートのひとつ

「下校したらまず宿題」という習慣づけをするのであれば、たとえば親もその時間、一緒にテーブルにつくというのもひとつの方法です。下校してひと息ついたら「じゃあやろうか」と声をかけて、子どもが宿題に取り組む様子や、学習内容に関心を持って見守ります。親が働いている場合は、夕食後がそのときになるでしょうか。

ある程度ペースができてくれば、「宿題を先に済ませたほうが気持ちがいい」ことに子ども自身が気づくようになります。そうなればひと安心。ペースメーカーは退いて、一歩離れたところから子どもの頑張りを応援しましょう。

あなたならどうする？

お子さんが「自分で取り組める」環境作り、あなたはどんなことをしていますか？

Case 04

友だちが少ないみたいで、心配です。

友だちが少なくて、子どもが寂しい思いをしているのではないかと心を痛めているようですね。もしかしたら、友だちとの付き合い方が下手ではないかと心配しているのかもしれません。
では、子どもの様子はどうでしょうか？

Answer

お子さんも悩んでいますか？

考え方

あなたが悩んでいることに、子どもも悩んでいるとは限りません

子どもをサポートしていくうえでは、子ども自身がどう感じているかを知ることが大切です。

そのためには、子どもの問題と自分の問題を区別して捉える習慣を身につけます。迷ったときは、「困っているのは誰？」と自分に問いかけてみてください。子ども自身は何も悩んでいないということもあるかもしれません。

そこで提案！

親の思い込みで子どもを判断しない

このケースでは、困っているのは母親です。「なぜ困ったことなのか？」というと、「友だちはたくさんいるべき」、「ひとりでいることは寂しいこと」などの思い込みを持っているからです。

そんなときは、冷静になって、「本当にそうなのかな？」と自分に問いかけてみてください。すると、たとえば「友だちはたくさんいなくても大丈夫」「ひとりでいるときの楽しみもある」といった、新しい見方や考え方に気がつくことができるでしょう。見方や考え方が広がれば、それだけ自分とは違う考え方や感じ方も受け入れやすくなって、安心して見守れるようになります。

あなたならどうする？

あなたが今困っていることは、あなたの問題？
それとも子どもの問題？

Case 05

時間がないときに、子どもの仕事に手を出しては自己嫌悪。

子どもに任せて見守るほうがいいとわかっていても、温かく見守る余裕がないとき。思わず手を出してしまった自分を責めてはいませんか？　どんなときも手出しや口出しはしてはいけないと思い込んで、苦しくなってはいませんか？

Answer

どこを目指しているかを思い出しましょう。

考え方

カンペキな親にならなくてもいい

私たちが目指すのは、「手出しをしない」ことではありません。目指しているのは、子どもが幸せに自立すること。「手出しをしない」ことに囚われて自分や子どもを追い込んでつらくしてしまっては、本末転倒です。

完璧な親はいません。子どもが親に望んでいるのも、完璧さではありません。忙しさや疲れなどで余裕がないときは、自分に優しくするときです。自分に優しくなれれば、子どもにも優しくなれます。すると親子の笑顔が増えて、あなたに余裕が生まれます。

そこで提案!

肩の力を抜きましょう

「手伝ってもよいとき」を自分に与えてみてください。そしてそのことを子どもにも正直に話します。「朝はお母さんも出かける時間が決まっているから、あまり余裕がないの。あなたの準備が間に合わないときは、手伝うわね」などです。

手伝っているうちに子どもも着替えが上手になって、いつのまにか親子それぞれで支度しているようになるでしょう。

あなたならどうする?

自分の頑張りを認めていますか?

Work 01

今、あなたはどんな親？

毎日、子育てを頑張っているあなた！　子どもは元気に育っていますか？頑張っているからこそ、ときにはイライラしてしまうこともありますよね。そんなときには、一度立ち止まって、まず今の自分の状態を振り返ってみましょう。そのうえで、本当はどんな親でありたいのか、考えてみましょう。

下の状態について、あまりできていないな～と思ったら①、かなりできていると思ったら⑤というように、５段階でセルフチェックをしてみましょう。

最後に結果を右下のグラフに記入して、振り返ってみましょう。

＊子どもとのコミュニケーション

a. 子どもの話をさえぎらず、最後までよく聞いている　①—②—③—④—⑤

b. 子どもの話を頭ごなしに否定しないようにしている　①—②—③—④—⑤

c. 自分が聞きたいことではなく、子どもが話したいことを聞いている　①—②—③—④—⑤

d. 自分の意見や気持ちも落ち着いて伝えるようにしている　①—②—③—④—⑤

e. 笑顔でのやりとりが多い　①—②—③—④—⑤

＊親としての考え方

f. 子どもには自分で問題を解決できる力があると思う　①—②—③—④—⑤

g. 子どものよいところに、目を向けるようにしている　①—②—③—④—⑤

h. 子どもが自分でやってみることを大事にしている

①—②—③—④—⑤

i. 子どもに自分の意見や心配を押しつけすぎないように気をつけている

①—②—③—④—⑤

j. 常に完璧な親でなくてもいいと思う ①—②—③—④—⑤

親としての行動

k. 子どもが、自分のことは自分で取り組める環境にしている

①—②—③—④—⑤

l. 子どもの様子をよく観察している ①—②—③—④—⑤

m. ペースメーカーになって、子どもの頑張りを応援している

①—②—③—④—⑤

n. 子どもが自分でできたときは認め、できないときには温かく見守っている

①—②—③—④—⑤

o. 子どもが困っているときには手を差し伸べている ①—②—③—④—⑤

けっこうできているところは？

ウイークポイントは？

今後、どんなことを心がけていくと、あなたのありたい姿になれますか？

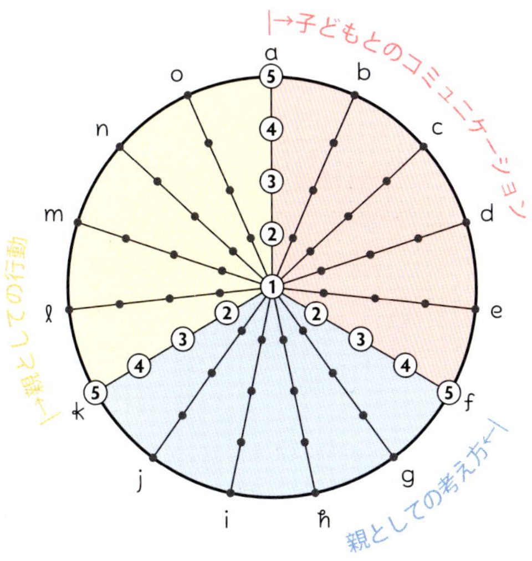

Work 02

あなたがしていることは「ヘルプ」？「サポート」？

朝起きてから夜眠るまでの間に、あなたが子どもにしている声かけを思い出して、順番に書き出してみましょう。そして、その行動が、余計なヘルプ・必要なヘルプ・サポートどれにあたるかを考えてチェックしてみましょう。

必要なヘルプ　子どもがまだ自分でできないので、親が代わりにしている。

余計なヘルプ　子どもはもうできているのに、親がまだ代わりにしている。

サポート　子どもが自分でできているから、任せて見守っている。

また、その言葉は、指示・命令・禁止・非難・肯定・共感・励まし・承認と分けるとしたら、何にあてはまりますか？　右上の例を参考にして、自分の言葉を分類してみましょう。

✳たとえば、こんなとき…

例 早く起きなさい！　（命令）

☐ 必要なヘルプ
☑ 余計なヘルプ
☐ サポート

（　　）

☐ 必要なヘルプ
☐ 余計なヘルプ
☐ サポート

（　　）

☐ 必要なヘルプ
☐ 余計なヘルプ
☐ サポート

（　　）

☐ 必要なヘルプ
☐ 余計なヘルプ
☐ サポート

（　　）

☐ 必要なヘルプ
☐ 余計なヘルプ
☐ サポート

（　　）

☐ 必要なヘルプ
☐ 余計なヘルプ
☐ サポート

（　　）

☐ 必要なヘルプ
☐ 余計なヘルプ
☐ サポート

（　　）

☐ 必要なヘルプ
☐ 余計なヘルプ
☐ サポート

（　　）

☐ 必要なヘルプ
☐ 余計なヘルプ
☐ サポート

（　　）

☐ 必要なヘルプ
☐ 余計なヘルプ
☐ サポート

（　　）

☐ 必要なヘルプ
☐ 余計なヘルプ
☐ サポート

（　　）

☐ 必要なヘルプ
☐ 余計なヘルプ
☐ サポート

Work 03

ヘルプをサポートに切り替える

今あなたが子どもにしているヘルプをサポートに切り替えていくためのワークです。何を、いつから、どのように変えるか、具体的に考えましょう。

＊ 最近、ヘルプからサポートにうまく切り替えられたことは何ですか?

何が →

いつから →

うまくいった →

そのために工夫したことは?

→

＊ まず、何から始めてみましょうか?

何を →

いつから →

どうする →

そのために、どんな工夫ができそうですか?

→

2章

愛すること

親が子どもに教えたい
３つのこと

さて、ここからは、親が子どものコーチとして何をどう教えるかを具体的にお伝えしていきます。

安心してください。何から何まで親が教えなくても大丈夫。「子どもが幸せに生きていくためにこれだけは押さえておきたいこと」に絞って教えます。それさえ教えれば、あとは日々の体験やまわりとの関係の中で、子どもが自分で学び、自分の力で人生を豊かにしていくことができます。

ではその「子どもが幸せに生きていくためにこれだけは教えておきたいこと」とは、何でしょうか？　いろいろな考え方ができると思いますが、ハートフルコミュニケーションでは、この３つを教えれば、子どもは幸せに自立できると考えています。

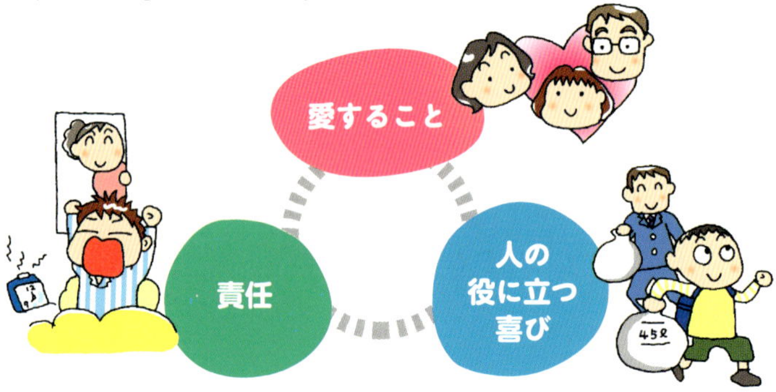

なぜこの３つを教えると子どもは幸せに自立できるのか？
どうやって教えればよいのか？
これからの章でひとつひとつお伝えしていきます。

幸せな自立のために、子どもに教えたいこと

1 愛すること

まず何よりも、「愛すること」を教えましょう。

なぜ教えるのか

あなたは「自己肯定感」という言葉を聞いたことはありますか？

文字通り、自分を肯定する感情。よいところも困ったところもある自分を丸ごと受け入れる気持ち。つまり、自分を愛する気持ちです。

想像してみてください。もし自分をまったく愛することができず、自己肯定感を少しも持てないとしたら。自分をまるで受け入れられないとしたら……？　その人は自分の命をも否定してしまうかもしれません。自己肯定感は、命の根っこを支える感情なのです。

だからこそ、親としてまず何よりも「愛すること」を教えてください。ありのままの自分を愛することができると、人のことも認め愛することができます。自分と違うさまざまな人やできごとを受け入れ、愛することができます。そして、まわりからも愛されます。

どうやって教えるか

一番の方法、それはあなたがお子さんを愛することです。

子どもにとって、親はとても大きな存在です。その親から愛されていると感じたとき、子どもの中に自己肯定感が芽生えます。自分のままでいいんだと知った子どもは、自分に自信を持てるようになります。自分に自信が持てるようになった子どもは、友だちやまわりの人のことも認められるようになります。親が自分にしてくれたように、自分を愛し、人を愛するようになります。

「だったら大丈夫。だって私は子どもを愛しているもの」

もちろん、そうです。お子さんのことを愛しているからこそ、あなたはこの本を手にとってくださいました。

だからこそ、ここでちょっと振り返ってみてください。

あなたのその愛する気持ちは、お子さんに伝わっていますか？

赤ちゃんの頃はスキンシップを通して、親の愛する気持ちが子どもにダイレクトに伝わりました。ほほえみながら話しかけられたり、子守唄で寝かせてもらったりといった関わり方からも、赤ちゃんは自分が大切にされていること、愛されていることを感じ取っていたでしょう。

では、今はどうでしょう？　赤ちゃんの頃は親の手の届く範囲にしかいませんが、成長とともに、行動範囲もどんどん広がっていきます。スキンシップは減って、代わりに言葉でのコミュニケーションが増えていきます。

最近の生活を振り返ってみてください。あなたの愛する気持ちはお子さんにしっかり届いているでしょうか。日頃、どのような言葉をよくお子さんにかけていますか？　あなたの言葉や態度から、お子さんは「愛されている」と感じていますか？

このあとのページで、「愛すること」を教えるためにどんな言葉をかければよいのか、どのように子どもと接すればよいのか、具体的な方法をご紹介しましょう。

Case 06

子どもに「もっともっと」と期待してしまいます。

子どもが成長してできることが増えてくると、「これができたなら、次はあれも！」と親の期待も膨らんでしまいがち。
でも、「もっと、もっと」と期待しすぎると、子どもにどんなことが起こるでしょうか？

Answer

ありのままの子どもを受け止めましょう。

考え方

期待ばかり伝えることは危険です

期待することそれ自体は悪いことではありません。ですが、期待するあまり誰かと比べたり、親の期待通りに動かそうとしすぎると、そのうちに子どもは、「親の期待に応えられない自分はダメな子かもしれない」と不安になります。今、目の前にいる子どもを十分受け止めないまま、期待ばかり伝えていると、子どもは「自分は愛されていない」と誤解するおそれがあります。

そこで提案！

期待するのは愛するからこそ。その愛する気持ちを子どもに伝えましょう

子どものありのままを無条件で愛してください。

言葉で伝える、ぎゅーっと抱きしめる、嬉しいことをともに喜び、悲しいときにそっと寄り添うなど、子どもを愛する方法はたくさんあります。たっぷり愛して、かけがえのない存在であることを伝えてください。そして子どもの心に自己肯定感をしっかりと根付かせましょう。

愛されていることを知っている子どもは、ありのままの自分を信じることができます。子どもが幸せに生きていくために親にできる最高の贈り物です。

あなたならどうする？

あなたはどんなときに「愛されている」と感じますか？

Case 07

何をやってもダメな子だと思ってしまいます。

親は、どうしても子どものできていないところに目がいきがちですよね。でも、ダメ出しを繰り返していると、そのうちに、だんだん本当に「できない子」「ダメな子」に思えてきます。

Answer

できていることを見てみましょう。

考え方　「できていることを見つける目」を持ってみましょう

子どもが赤ちゃんだった頃を思い出してみてください。首が据わった、寝返りを打った、笑った、声を出したなどなど、何かができるとその度に気づいて喜んでいたのではないでしょうか。

初心にかえって、「できていることを見つける目」を持って子どもを見守ってみてください。実はいろんなことができていたことに気づくはずです。小さな成長にも目がとまるようになって、「何をやってもダメな子」という決めつけからも自然と解放されます。

そこで提案！　毎日の〝発見〟を、ぜひ子どもにも伝えましょう

たとえば、朝、自分で起きてきた。サッカーの練習を休まない。友だちに優しい言葉をかけている。ニンジンを食べられるようになった。忘れ物が減った。今日も元気。

「できていること」は毎日必ずあります。できていることを見つけたら、ぜひ子どもにその〝発見〟を伝えてください。

親が自分のことを見守ってくれている、わかってくれている。そう感じるとき、子どもは「愛されている」ことを体感します。

あなたならどうする？

お子さんは最近、
どんなことができるようになりましたか？

Case 08

「どうせできない」、「絶対無理」が口癖の子どもが気がかりです。

子どもの投げやりな言葉を聞いていると、親の心はざわついてきます。そこで何とか前向きな姿勢を引き出そうと、「そんなことはないわよ」と慰めたり、「どうしてそんなことを言うの！」と叱《しっ》咤《た》したり。でも、子どもの言葉の裏には別の本音が隠れていることもあるかもしれません。

Answer

励ましは逆効果。
否定的なところも受け止めましょう。

考え方

子どもが不安や恐れを
発散できるようなサポートを

子どもの否定的な言葉や態度を親が打ち消そうとすると、子どもはますますいじけたり頑《かたく》なになったりして、逆効果です。

彼らが投げやりな言葉を使うのは、不安や恐れを自分では受け止めきれなくなったから。親がその不安や恐れをしっかり受け止めれば、子どもはマイナスのエネルギーを発散させることができます。自分のプラスの面だけでなく、マイナスの面もわかって受け入れてくれているという安心感が、子どもの心を安定させます。

そこで提案!

否定的な言葉もいったん受け止めて、
子どもの言葉を繰り返す

子どもの否定的な思いを引き受ける気持ちで、「そう、できないって思うのね」「難しいんだ」という具合に、子どもの言葉をそのまま受け止め、優しく繰り返します。

すると子どもは「聞いてもらった」と感じます。親に受け止めてもらえた安心感が、問題と向き合う余裕を生みます。

自分の言ったセリフを自分の耳から聞くことで、「まてよ、本当にできないかな？」「どうやっても無理かな？」と考え始めることもできます。

あなたならどうする？

投げやりな言葉を使ったことはありますか？
その奥にどんな気持ちが隠れていましたか？

Case 09

「自分が一番！」と思っているわが子が不安です。

明日からのピアノ、新譜なんだ。練習しておけば？
大丈夫！だって私、できるもん♪
明日は漢字テストだね
それも大丈夫！
どうしてこの子はなんでも自信満々なのかしら
ママ?
だ・い・じょ・う・ぶ だって♡
ユラ～
も～

自信を持つことは悪いことではないとわかっていても、子どもがあまりに自信満々だと、「傲慢《ごうまん》な人になってしまうのでは？」「努力しない子になってしまうのでは？」と先々に想像をめぐらせてしまうことも。不安の種は尽きませんね……。

Answer

大丈夫！ 成長するにしたがって、等身大の自分と出会えます。

考え方

「自分が一番」と思うのは、愛されてきた証拠

幼いうちは、ほとんどの子が「自分が一番」「なんでもできる」と思っています。まだ自分では何もできない赤ちゃんの頃、「お腹が空いた」「おむつが濡れた」と泣けば親が応えてくれた経験から、そう学んだのです。幼い子どもが「自分が一番」と思うのは、愛されてきた証拠と言えます。

そこで提案！

どの子も成長とともに、「実は一番ではない」事実と出会います

今あなたのお子さんが、「自分が一番」と思っているからといって、将来を心配しなくても大丈夫。愛することを学んだ子どもには、自分を丸ごと引き受ける力が育っています。ですから、たとえば自分より速く走る子と出会っても、その事実を受け入れ、できないこともある等身大の自分を認めたうえで、成長していくことができます。そして、第３章の「責任」を教えれば、「一番ではないこともある」ということを健全に学ぶことができます。

子どもが等身大の自分にも自信を持てるように、まず今のありのままの子どもをたっぷり愛してください。

あなたならどうする？

お子さんはもう、
「自分が一番！」とは限らないことを学んでいますか？
それはどんな体験でしたか？

Case 10

小学生になっても「抱っこ」をせがむ子ども。甘やかしていて大丈夫？

体もずいぶん大きくなったのに甘えてこられると、「いつまでこんな調子かしら」「これでちゃんと自立できるの？」と心配になってきますよね。このまま甘えさせていたら、ダメな子になってしまうのではないかと突き放してみたり……。どう接したらよいか迷いますね。

Answer

たっぷり甘えさせましょう。

考え方

甘えることで、子どもは元気をチャージします

体は大きくなったとしても、小学生の頃はまだまだ、精神的に親を頼りにしています。学校でいやな思いをしたときなどには、親に甘えることで安心したり痛みを和らげたりしようとします。

こうしたときにしっかりと甘えを受け入れれば、子どもの心は安定します。それを繰り返すうちに、自分の力で心を安定させられるようになって、精神的に自立していくのです。

そこで提案!

甘えを受け入れることは、子どもの心を育てること

甘えを受け入れることと、甘やかすことは違います。

甘やかしは、親の自己満足のために必要以上に子どもの世話を焼くことです。甘やかされた子どもは誰かに世話をしてもらうことが当たり前になるため、自立から遠ざかるおそれがあります。

これに対して、甘えを受け入れることは、子どもの求めに応えて子どもの心を満たし育てることです。特に抱っこは、何も話さなくても元気になれる、親子ならではの問題解決方法ともいえます。子どもがせがんできたときは、ためらわず優しく受け止めましょう。

あなたならどうする?

あなたが甘えたくなるのは、どんなときですか?

Work 04

子ども自慢をしましょう！

お子さんの「よいところ」だと思うところ、「さすがだな」と思うこと、「ここが好き」というところを思い出して、まず、パッと思い浮かぶベスト3をあげてみましょう!!

例 笑顔がカワイイ！

1.

2.

3.

✱ もっと思いついたら、どんどん書き出してみましょう！

そうは言っても、気になることや、困っているところ、子どもの欠点だと思っているところがあれば、それを書き出してみましょう。

例 食べ物の好き嫌いが多い。

Work 05

ポジティブシンキング！

私たちは、ついつい自分の価値観でできごとのよしあしを判断しがちですが、同じできごとでも、人によって見方や感じ方は異なります。見方を変えてみると、短所だと思っていたことが長所にもなります。

ワーク４であげた子どもの「気になるところ」や「欠点だ」と思っているところを、あえてポジティブな言い方に変えてみたらどんな言葉が浮かびますか？

欠点だと思っているところ		あえてポジティブな言い方にすると
例 落ち着きがない	→	好奇心にあふれている
	→	
	→	
	→	
	→	

これまでに、子どもの欠点だと思っていたことも見方を変えることで長所になります。そのことが強みとして発揮されたことはありませんか？　思い出して、書いてみましょう。

左ページでやってみたように、ある枠組みで捉えられているできごとを、違う枠組みで見ることをリフレーミングと言います。リフレーミングすることによって、これまでマイナスだと思っていたことが、思いがけず強みであることに気づくかもしれません。

それでは、ここで、少しリフレーミングの練習をしてみましょう。

1. あきっぽい →
2. あわてんぼう →
3. うるさい →
4. がんこ →
5. 気が強い →
6. 気が弱い →
7. 口が悪い →
8. 断れない →
9. しつこい →
10. 消極的 →
11. だらしない →
12. のんびりしている →
13. 反抗的 →
14. 人に合わせる →
15. ぼうっとしている →
16. 優柔不断 →
17. わがまま →
18. 乱暴 →

〈参考例〉 1.好奇心旺盛　2.行動的　3.明るく元気　4.意志が強い　5.すべてに積極的　6.慎重（自分よりまわりを大切にする）　7.はっきりしている　8.相手の立場を尊重する　9.粘り強い　10.ひかえめ　11.こだわらない　12.マイペース　13.自立心がある　14.協調性が豊か　15.細かいことにこだわらない　16.じっくり考える　17.自己主張ができる　18.たくましい

Work 06

大好きな○○へ

子どものよいところに気がついたら、その気持ちを忘れないうちに、カードに書きとめておきましょう。

子育てで煮詰まったときに、振り返ってみてください。

へ

そんなあなたが大好きです！

3章

責任

幸せな自立のために、子どもに教えたいこと

② 責任

「責任」というと何やら大げさに聞こえて、大人になって学べばいいことのように感じられるかもしれません。

ですが、そうではありません。

「責任」とは、自分のしたことの結果を自分で引き受けることです。そして、子どものうちにこそ、教えておきたいことです。

なぜ教えるのか

自分のしたことの結果を自分で引き受けるというのは、たとえば、コップを倒して水をこぼしたら自分で拭いて始末する、算数で答えを間違えたらもう一度考えて正しい答えを見つける、といったことです。

「責任」を学ぶことで、うまくいったことはもちろん、うまくいかなかったことも自分のこととしてしっかり受け止めたうえで、「じゃあどうすればいい？」と考えて実行する力が身につきます。

人は本能的に、不快なものは避け、快適なものを求めます。子どもに責任を教えれば、不快なことが起こったときに、「どうすれば快適にできるだろう？」と自分で考えて実行できるようになります。実行してうまくいかなくても、「どうすれば快適になる？」を繰り返しながら、自分の望む状態に向かっていくようになります。

つまり、責任を教わった子どもは、自分の力で人生をよりよいものにしていくことができるのです。不快を感じることはあっても、それこそが「人生自分次第」を学ぶ材料です。うまくいかなくても親の愛情で元気になれるうちから「責任」を教えておけば、成長して何か大きな失敗をしたときも、自分の力を信じて乗り越えていくことができるようになるでしょう。

ところが、責任を教わっていない子どもは、不快なことにうまく対応できません。自分で引き受けずに、まわりに何とかしてもらおうとしますが、まわりはいつも自分の思い通りに動いてくれるわけではありません。たとえ動いてくれたとしても、満足できる結果が手に入るとは限りません。

責任を学んだ子どもが人生は自分次第と知っているのに対して、責任を学んでいない子どもの人生は相手次第。そのまま責任を学ばずにいると、思い通りに動いてくれない相手や、思うように進まない人生に不満を溜め込んでしまいます。失敗を恐れるあまり、何もしないうちから「どうせできない」と諦めたり、「自分は何もできない」と思い込んで、自分の殻に閉じこもってしまうといったことも起こるかもしれません。

「責任」を教えるということは、「あなたには人生をよりよくする力がありますよ、自分で考え、自分で前に進む力がありますよ」という、力強いエールと信頼を子どもに贈ることなのです。

どうやって教えるか

何よりも、子どもの仕事は子どもに任せることです。

ただし、間違えないでください。「これはあなたの仕事なのだから、自分でしなさい」というやり方は、任せたとは言えません。これは「押しつけ」です。子どもは「親にやらされた」と思います。親にやらされたことからは、自分のしたことの結果を引き受けること＝「責任」を学ぶことはできません。

「任せる」というのは、子どもに「自分でやる」という気持ちが起きるように、環境を整え、言葉をかけていくこと。そして、余計な手出しや指図は控えて、できるようになっていくプロセスをしっかり見守ることです。

たとえば、それまで親がしていた着替えの用意を子どもに任せるとしたら、子どもの服の入っている引き出しを本人の見やすい高さに入れ換えるなどして、環境を整えます。そして、「小学生になったら、着ていく服を自分で選んで、あなたの好きな格好で学校に行ってみる？」などと、その子に合った言葉でやる気を引き出します。その後は子どもが自分のペースで取り組めるように、黙って待つのも大切なポイントです。

子どもが実際に着替えを用意したら、「自分でできたね」としっかり認めます。毎日続けられるように、子どもの選んだ服はよほど大きな問題がない限りは見守って、子どもが体験から学べるようにサポートします。そうすれば子どもは、「今日は半袖で寒かったから、明日から長袖にしよう」などと自分で考えて実行するようになります。

そうです。「責任」を教えること、任せることは、時として根気のいることです。それだけに、教える過程で「こんなときはどうすればいいの？」と迷うこともあるかもしれません。ケーススタディを参考に、あなたとお子さんにピッタリの方法を考えてみてください。

✱ 責任を教わった子と教わっていない子

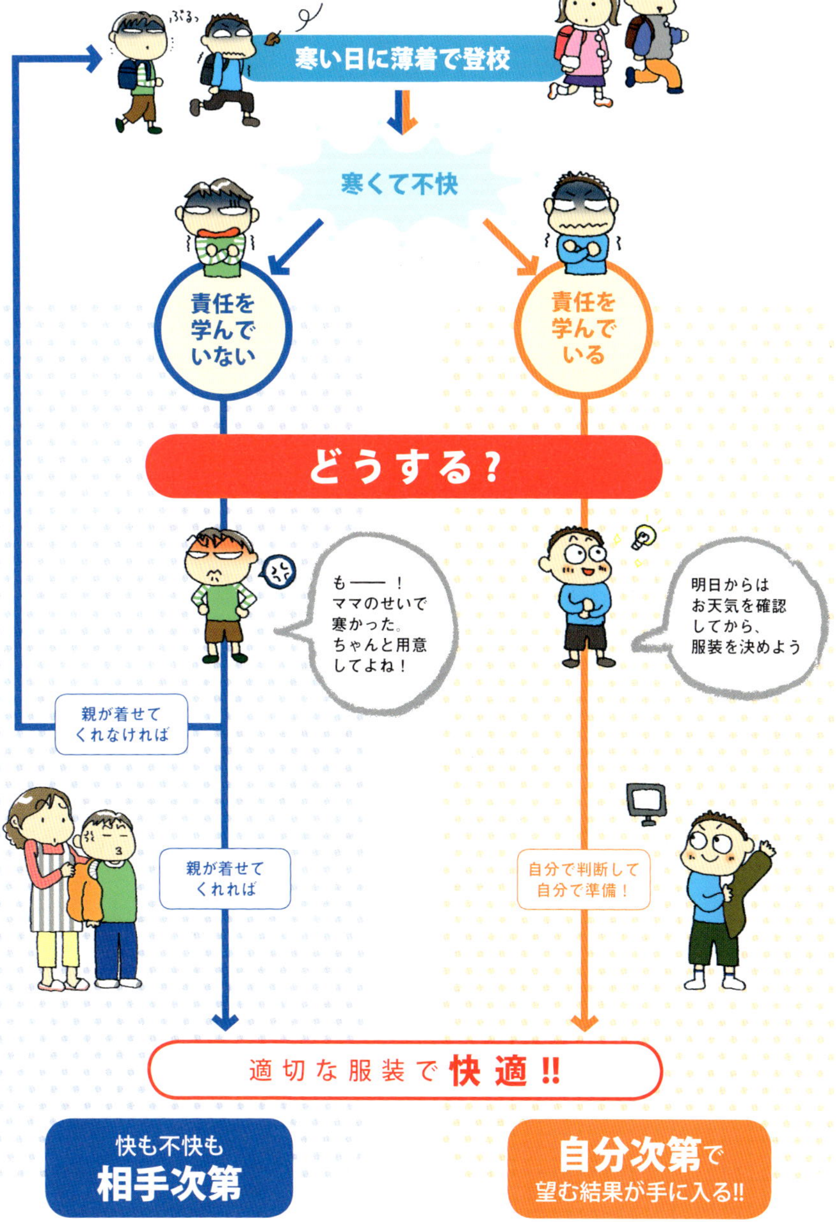

ぶるっ
寒い日に薄着で登校
寒くて不快
責任を学んでいない
責任を学んでいる
どうする？
も――　！
ママのせいで
寒かった。
ちゃんと用意
してよね！
明日からは
お天気を確認
してから、
服装を決めよう
親が着せて
くれなければ
親が着せて
くれれば
自分で判断して
自分で準備！
適切な服装で快適!!
快も不快も
相手次第
自分次第で
望む結果が手に入る!!

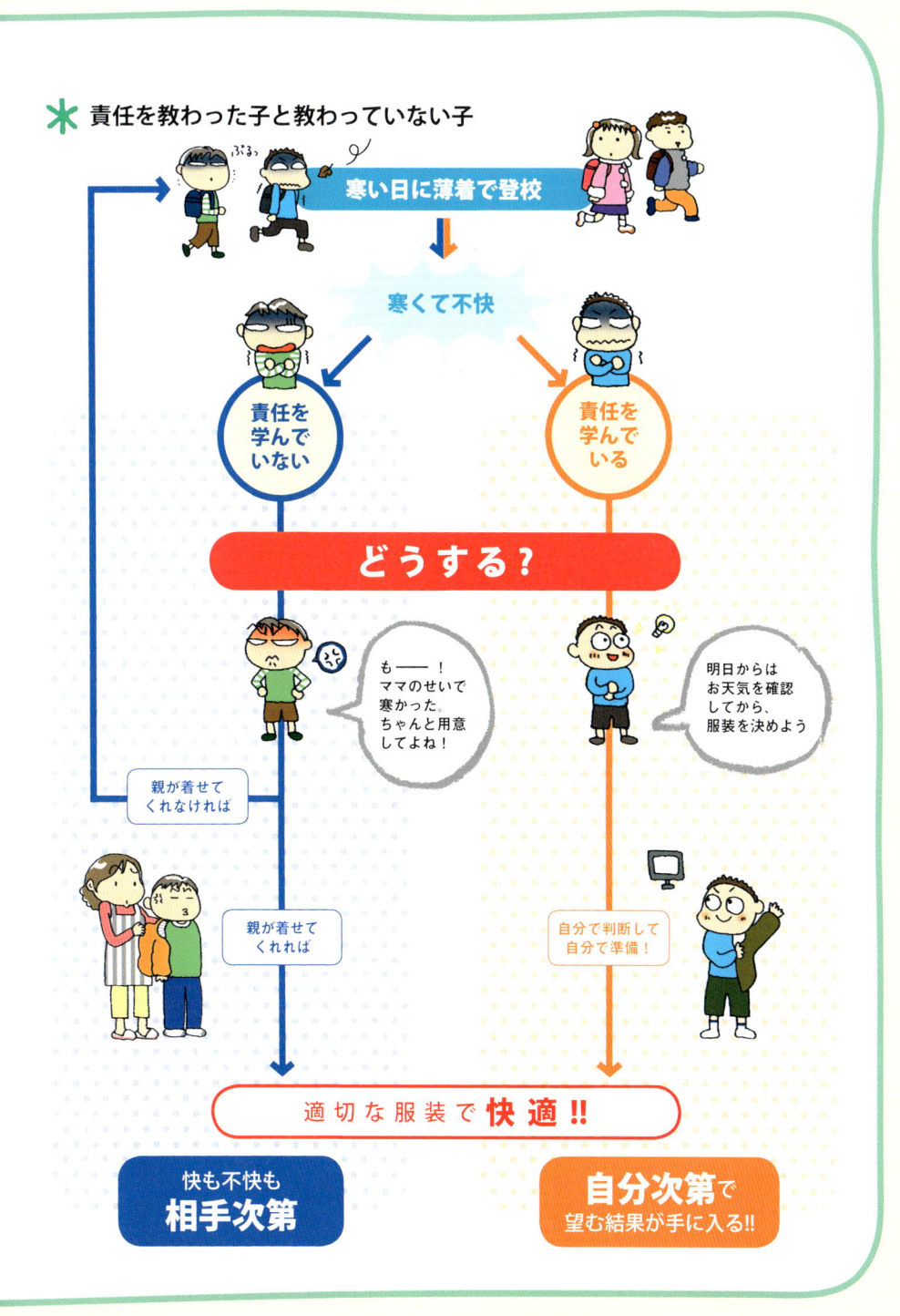

Case 11

遅刻を私のせいにします。

「子どものためを思って起こしていたのに責められるなんて！」と納得がいかないかもしれません。でも子どもにしてみれば、親に毎朝起こしてもらっていれば、遅刻を親のせいにしても無理はないのかも……。では、どうしたらいいのでしょう。

Answer

学校に遅刻しないように起きるのは、誰の仕事か考えてみましょう。

考え方

子どもの仕事は、子どもに任せます

できることは子どもに任せて、子どもに体験から学ばせましょう。幼いうちは親が起こしていたとしても、小学校に上がったら、いつまでも親が起こし続けることは子どものためになりません。学校に遅刻しないように朝一定の時間に起きるのは、子ども自身の仕事です。その仕事を子どもから奪うと、親に依存するようになり、子どもが自分の体験から学んで成長するチャンスを奪ってしまうことになります。

そこで提案！

原因が自分にあれば、結果も自分で変えられます

朝起きることを子どもに任せれば、もし遅刻しても、子どもは「自分がやった」と認められます。不快な結果の原因が自分にあれば、「繰り返さないために何ができる？」と自分で考えて、より早い時間に目覚まし時計をセットするなどの工夫をするでしょう。

子どもの仕事を子どもに任せれば、自分の力で結果をよりよいものにできることを学んで、問題に対応する力をつけられます。つまり「責任」を学べるのです。子どもが体験から学んで成長できるようにサポートしましょう。

あなたならどうする？

あなたは「人生は自分次第」という体験を、いつ頃、どんなことでしましたか？

Case 12

忘れ物が多いので、そのたびに学校に届けようか迷います。

「忘れ物は届けないからね」と子どもには言っていても、忘れて困っている顔が浮かぶと、「たいした手間じゃないし、届けてあげようかな」と決意が揺らぐこともあるかもしれません。

でも、届けたら届けたで、「ずっとこの調子だったら忘れ物がなくならない……」と不安になりそうですね。

Answer

届ける代わりに、忘れ物をしない習慣づけをサポートしましょう。

考え方

任せたことは親も守り、自分で考えられる力をつけるサポートを

親の気持ち次第で任せたり手出しをしたりと対応を変えていると、子どもは「結局は親がなんとかしてくれる」とあてにするようになってしまいます。それだけでなく、子どもの仕事を肩代わりしていると、自分の仕事を処理するために必要な知恵を育てる機会が奪われ、考えて工夫する力を育てられません。

親が任せたことを見守れば、子どもは小さな失敗を繰り返すうちに、親が手出ししているうちには体験できない「自分で乗り越えた」という達成感を味わえるようになります。

そこで提案！

ポイントは、忘れ物をした後の対応です

忘れ物の気まずさを味わった子どもは、もう忘れ物はしたくないと思っています。その気持ちをそのまま習慣づけに活かします。「忘れ物しちゃったね」と静かに受け止めてから、「どうすれば忘れないかな？」と尋ねて子どもに考えさせたり、「忘れ物追放作戦を考えよう！」とアイデアを出し合ったり、一緒に考えて、実行できるようにサポートします。するとそのうち、ひとりで考え実行できるようになって、忘れ物をしない習慣が身についていきます。

あなたならどうする？

絶対に忘れたくないものがあるとき、
あなたならどうしますか？
方法を３つあげてください。

Case 13

友だちとの約束を平気で破ってしまう子どもが心配です。

「友だちだから」、「たいした約束じゃないから」とやり過ごしていると、やがて取り返しのつかないことになるかもしれません。だからこそ、約束が小さなうち、身近なうちに、「約束を守る」習慣を身につけてもらいたいですね。

Answer

「約束したら、守る」という シンプルな習慣のサポートを。

考え方

約束を守る大切さを 家庭での体験から学ばせましょう

約束を守れば、家族や友人と気持ちよく過ごせますし、良好な関係を築けます。約束を破れば、自分自身も居心地が悪いですし、まわりからの信頼も薄れていきます。このことを言葉で伝えるだけでなく、家庭の中でも子どもが体験できるようにします。

とりわけ約束を守る心地よさを子どもが十分経験できるようにしてください。約束を守る心地よさをしっかり体験できれば、それが「これからも守ろう」という意欲に繋がり、約束を破ったときの気持ち悪さも際立って、なおさら約束を守りたくなるからです。

そこで提案!

約束を守ったときの心地よさを 子どもに印象づけましょう

たとえば宿題は晩ごはんまでに済ませると約束したとしたら、守れたときに「当たり前」と受け流さずに、「約束守れて、お母さんも嬉しかったよ」「宿題が済んでスッキリしたね」などと、言葉と態度で子どもの努力をしっかり認めます。すると子どもは、約束を守る心地よさ、決めたことを実現できる喜びを体感できます。その積み重ねを通して、子どもは相手や内容にかかわらず「約束したら、守る」習慣を身につけていくでしょう。

あなたならどうする?

親子の約束、
あなたの家ではどんなものがありますか?

Case 14

約束を守らせたいあまり、かえって口うるさくなってしまいます。

せっかく約束をしたのに、それを守らせるために「出かける前に片づけでしょ！」「約束したじゃない」などと口出しや手出しが増えてしまうということはありませんか？

でもそれでは、約束をした意味がなくなってしまいますね。

Answer

親が「約束の番人」になる必要はありません。

考え方

約束を破ったときの不快さも、約束を守る力になります

　約束を守れば、お互いが快適に過ごせます。約束を破れば、お互いに不快な思いをします。約束した後は、この２つの結果を子どもがしっかり体験できるようにします。親が約束を守らせようと躍起《やっき》にならなくても、守らなかったことで起こる不利益や不快さを子どもにしっかり受け止めさせれば、子どもは「この不快な事態を繰り返さないためには、どうすればよい？」と考えて、約束を守ろうと努力します。

そこで提案!

ちょっとの工夫が、約束を守りやすくします

　「オヤツの前に片づける」「宿題をしてからテレビを見る」といった、思わず守りたくなるようなしかけを約束に盛り込むのもひとつの方法です。

　〝鼻先のニンジン〟に釣られているうちに、「片づけたほうが快適」「片づけないと不快」という事実に気がついて、ニンジンがなくても約束を守るようになるでしょう。

あなたならどうする?

あなたはどんなニンジンがあると釣られやすいですか?
お子さんはどうですか？

Case 15

何度言っても約束を破るので困っています。

何度も約束したし、約束は守らなくてはいけないことも知っているはずなのに、何度も破られると、怒りたくもなりますよね。
でも「怒られるから守る」約束でいいのでしょうか？

Answer

うまくいかないときは、仕切り直しをしてみましょう。

考え方

約束は、お互いが気持ちよく暮らすためにするものです

「怒られるから守る」約束では、暮らしが窮屈になってしまいます。このような「約束」は、形を変えた「命令」といえます。親は「約束した」つもりでも、子どもは「押しつけられた」と受け止めているからです。押しつけられたものを守り続けるのは、なかなか難しいものです。

そこで提案！

子どもの考えも受け入れながら、お互いのための約束を

このようなときは、「その約束がなぜ必要か」を考えるところからやり直しましょう。

親の意見を押しつけなくても、子どもは子どもなりにちゃんと考えています。下校後の自由時間を親子で割り出し、そのうちどれくらいをゲームに使うのがよいのか、まずは子どもの考えを聞いてみてください。その内容に不十分なところがあった場合は、なぜ不十分と思うかを伝えたうえで、お互いが「これなら守れる」という時間を見つけていきます。すると子どもは、「自分で決めた」という自覚が持てます。あとは、「決めたことは、する」習慣を身につけられるようにサポートします。

あなたならどうする？

「なぜゲームの時間を決めなきゃいけないの？」と聞かれたら、あなたならどう答えますか？

Work 07

できること探し

子育てで大事なのは、できることを見つける目を養うことです。

＊ この1年間で、子どもができるようになったことは何ですか？

生活面

例 自分で起きられるようになった

学習面

例 九九ができるようになった

お友だち関係

例 家に友だちを連れてくるようになった

Work
08

これから子どもに任せたいこと

子どもって、1年間で随分成長するものですね。来年はもっといろいろなことができるようになっているはず。そこで……

✳ これから任せてみたいことは何ですか？　トップ3をあげてみましょう。

1.

2.

3.

✳ そのうち、一番うまくいきそうなことは何？　ひとつ選んでみましょう。

✳ それを、あなたはどうやって任せて見守りますか？

次のワークで具体的な行動に移してみましょう。

Work 09

いざ、チャレンジ！

何から始める？　どうしたらできるようになる？　私にできることは何？
任せてみたいと思っていることが、どうしたら実行できるか、まずは子どもと話し合ってみましょう。
そして、その結果を整理して書きとめましょう。

何を →

いつから →

どうやって →

お父さん・お母さんができるサポートは？

→

ジャーン！　では、さっそくやってみましょう！

左ページで決めたことを、実際にやってみてどうだったか、子どもと一緒に振り返ってみましょう。

親の感想

子どもの感想

結果として…

- [ ] うまくいった
- [ ] うまくいかなかった

（うまくいった→）できたことを認めて、このまま続けましょう。

（うまくいかなかった→）左ページに戻って、どうしたらできるようになるか、もう一度話し合って、やり方を考えてみましょう。

こどもに任せてうまくいったこと

ハートフルコーチのエピソード①

★ 傘を持っていく ★

うちでは夫婦共働きで雨が降っても傘を学校に届けられないので、親が天気を気にして傘を持っていくか判断していました。ところが、予想が外れると親のせいにするので、小学3年生から、自分で判断させるようにしたところ、人のせいにしなくなりました。始めるにあたって、好きな傘を選ばせたのが功を奏したようです。

★ 朝、時間通りに出発！ ★

毎朝「何時何分だよ！」と言っても時間通りに出られないので、小学1年生のときにこれから時間は言わないと伝えると、子どもはパニックに。そこで、話し合いをし「出発の5分前だよ」という一言だけをかけることにしました。それから徐々に、寝る前に服を揃えておくなど、子どもなりに工夫して、時間通りに出られるようになりました。

★ 洋服コーディネート ★

小学校入学をきっかけに、学校に着ていく洋服は自分で選ぶことに。そこで、子どもと話し合いながら一緒にタンスにしまいました。ときどき、バランスが悪い服装もしていましたが、自分で選べるのは、とても嬉しそうだったので、だまって見守り続けました。2年生になると鏡の前で工夫するようになり、3年生になると髪型にも気を配っていました。

★ 友だち関係 ★

友だちとトラブルが起こった気配があったとき、「ママにしてほしいことがあったら、なんでも言ってね」と言ったところ、「わかった。ありがとう」と言って、ほっとした表情をみせました。そのあと、「大丈夫だから」というので、子ども自身の解決力を信じて口出しはせず様子を観察して過ごしました。今のところ、おおよそ自分でうまく解決しています。

★ おけいこごとの送り迎え ★

小学校3年生くらいまで、習い事に行くときはそれぞれの自転車に乗って、送り迎えをしていました。しかし、娘が一人で行くと言いだしたので、①私の後を娘がついて来る②娘が先頭、私は後からついて行く③一人で行くというステップで慣らすことにしました。一人で行って来られたときはとても嬉しそうで、窓から見ている私を見つけて、自慢げに手を振っていました。

4章

人の役に立つ喜び

幸せな自立のために、子どもに教えたいこと

③ 人の役に立つ喜び

「愛すること」を学んでありのままの自分を丸ごと受け入れるようになり、「責任」を学んで人生は自分の力でよくしていくことができることを学んだ子どもに、もうひとつ忘れずに教えておきたいこと、それは、「誰かの役に立てて嬉しい」「人のためになることができて嬉しい」という気持ちです。

なぜ教えるのか

どんなに自己肯定感が高くても、どんなに自分でできることがたくさんあっても、まわりに誰ひとりいない環境で、誰とも何の関わりも持たない中では、人は幸せに生きていくことはできません。それどころか、そのような環境では生きていくことすらつらく感じることでしょう。

家族や友だち、学校の先生、近所の人など、私たちは毎日、たくさんの人たちと関わりながら暮らしています。「人の役に立つ喜び」を学んだ子どもは、自分の力を自分のためだけでなく、人のためにも進んで使うようになるので、まわりの人たちと良好な関係を築いていくことができます。

また、「人の役に立つ喜び」は、副作用のない「やる気の種」です。

人をやる気にさせる方法にはいろいろあって、叱って動かすこともできれば、お金やごほうびで動かすこともできますし、ほめたりおだてたりして動かすこともできます。ところがこうした方法は、どれも外からの働きかけで人を動かそうとするものです。その働きかけがなくなったら、その人のやる気にスイッチが入らなくなります。

「人の役に立つ喜び」は、人の心の中に根づくやる気の種です。ごほうびがあるからする、ほめられるからする、叱られたくないからするというのとは違って、自分の中に起こる「役に立ちたい」という思いが、自分を動かします。外からの働きかけよりもずっと強力で、自分にとっても相手にとっても嬉しい、やる気の種です。

子どもが幸せに生きていけるように、ぜひ「人の役に立つ喜び」も教えてください。

どうやって教えるか

まずは、親の役に立ってもらいましょう。つまり、お手伝いです。

もうやってもらっているという人も多いかもしれません。ではあなたはそのお手伝いを通して、お子さんに何を教えていますか？　「家族の一員として当然するべきこと」で終わっていませんか？

もちろん、お手伝いにはそういう側面もありますが、『人の役に立つ喜び』を教えることのできる大切な場面であることも、しっかり意識してください。

お手伝いを通して「人の役に立つ喜び」を教えるためには、お子さんがあなたを手伝ってくれたときは、決してほめないことです。

なんだか矛盾しているように聞こえるかもしれませんが、これにはちゃんと理由があります。ほめることもまた、お金やごほうびと同じように、外からの働きかけで子どもを動かそうとするものなのです。

では、子どもが手伝ってくれたときに親がどう応えれば、子どもに「人の役に立つ喜び」を教えられるのでしょうか？

次ページからの具体的なケースでわかりやすく説明していきましょう。

Case 16

人助けをあまりしない子どもをなんとかしたいのですが。

友だちが困っていても気にしない子ども。このまま大きくなったら、気遣いができず、まわりの人とよい関係を築けないのではと心配になりますね。人のために動くことの大切さを教えるには、どうしたらいいのでしょう。

Answer

お手伝いを通して、人の役に立つ喜びに目覚めてもらいましょう。

考え方

「手助けしなさい」と指図するよりもずっと確かな方法があります

「友だちと仲よく」「困っている人に親切に」と言葉で教えるよりもずっと確かな方法、それは「人の役に立つ喜び」を教えることです。

人の役に立つ喜びを学んだ子どもは、誰かに促されなくても自分から人の力になろうとします。自分の力を自分のためだけでなく、まわりの人のためにも進んで使うので、まわりと協調しながら幸せに生きていくことができます。

そこで提案！

手始めに、家の仕事を手伝ってもらいましょう

お手伝いをして親の役に立ってもらうことで、人の役に立つ喜びを教えます。

子どもの年齢に合わせて、子どもの興味に合わせて、掃除や買い物、お料理や力仕事などのお手伝いを頼んでみてください。

自分が手伝ったことで親がこんなに助かっている、こんなに喜んでくれているという体験が、子どもの心に人の役に立つ喜びを芽生えさせます。すると、人と接するときに、「何か役に立てることはあるかな」という視点を持てるようになって、人助けも進んでするようになるでしょう。

あなたならどうする？

あなたはどんなお手伝いをして喜ばれましたか？

お手伝いを頼むとかえって面倒なことになってしまいます。

子どもにお手伝いをしてもらうと、助かる半面、時間はかかるし、余計な仕事が増える可能性も。ときには、「こんなことなら頼まなければよかった」という気持ちになることもあるでしょう。でも、そもそもお手伝いは何のためにしてもらうのでしょうか。

Answer

お手伝いを頼む目的を忘れないで。

考え方

「お手伝いをしてもらって楽をしよう」という思いで頼んではいませんか

もちろん、お手伝いが上手になったら、結果として親が楽になるのは事実です。ですが、お手伝いをしてもらう本来の目的は、子どもに「人の役に立つ喜び」を教えること。

そして、人と良好な関係を築けるようにサポートすることです。

そこで提案!

お手伝いを頼む目的は、人の役に立つ喜びを教えること

「ああ、頼まなければよかった」という体験をしたときには、「なんのためのお手伝い？」と自分に問いかけて、目的を思い起こしてください。子どもが「お母さんを助けたい」「自分も役に立ちたい」と思って、精一杯頑張っていることに気づくはずです。

お手伝いのハードルを下げて、子どもが楽しめて親も気楽に見守れるものを頼むのもひとつの方法です。始めのうちはうまくできなくても、根気よくお手伝いをお願いし、人の役に立つ喜びを教えていけば、結果として上手にもなっていきます。

あなたならどうする？

お子さんはどんなことが得意ですか？
それはどんなお手伝いに繋がりそうですか？

Case 18

「お小遣いをくれるなら手伝う」と言われてしまいました。

お手伝いにお小遣いを渡していると、報酬をもらえるかどうかが動機付けになりそう。かといって、「いい子ね」「えらいな」とほめればいいのでしょうか？　いいえ、それも「ほめてもらいたいから手伝う」つまり、「相手が何をしてくれるかで自分の行動を決める」ことになってしまいます。

Answer

心の中に起こる喜びをお手伝いの動機付けにしましょう。

考え方

「人の役に立つ喜び」は、副作用のないやる気の種です

「相手が何をしてくれるか」ではなく、「自分に何ができるか」ということが動機であれば、動機が自分の内側にあるので、まわりに振り回されることなく自分を軸にして、まわりと健全な関係を築いていくことができます。

そこで提案！

お手伝いをしてくれたことへの喜びや感謝をきちんと伝えましょう

人の役に立つ喜びを教えるためには、ほめる代わりに、お手伝いであなたが感じた喜びや感謝を言葉にして伝えることが大切です。「お皿洗い、ありがとう」「お母さん、嬉しいな」「お父さん、助かったよ」という具合です。

こうした言葉がけは、自分を主語にして自分の気持ちを相手に伝えるものなので、I《アイ》メッセージ（私メッセージ）といいます。I《アイ》メッセージを受け取った子どもは、自分に親の役に立つ力があることを知ることができます。

その喜びと自信が、「もっと役に立ちたい」というやる気の種となって、まわりとの良好な関係を育てていきます。

あなたならどうする？

あなたが最近、家族や友人から喜ばれたことは、どんなことですか？

Case 19

お手伝いを頼むと、「ありがとうって言って」と催促されます。

家族なのだから、いちいち感謝を言葉にしなくてもと親は思いますが、子どもは納得しないのですね。また、親のほうに「手伝って当たり前」という気持ちが起こってきて、知らず知らずのうちにそれが、態度や言葉がけに現れてくることもあります。

Answer

心を込めて、しっかりと感謝を伝えましょう。

考え方

毎日してくれるということは、それだけ役に立ってくれているということです

たしかに、子どもの成長とともに子どもが家族の一員として家の仕事を分担することは、自然の流れとは言えます。ですが毎日のように引き受けてくれるようになったのであればなおのこと、そのことでどれだけ親が助けられているかを伝える機会を持ちたいものです。

すると子どもは、大きなことや目立つことだけでなく、日常のありふれたことにも人の役に立つ喜びがあることを学ぶことができます。

そこで提案！

何を言うか以上に、どう言うかで伝わり方が違います

もっとも、たとえI《アイ》メッセージで言ったとしても、心がこもっていなければ感謝も何も伝わりません。言葉にするときはしっかりと心を込めて、喜びや感謝を伝えましょう。言葉にはできなくても、目線や笑顔からでも、子どもは親の喜びや感謝を感じ取ってくれます。

また、これを機会に、日頃あなたが子どもに「ありがとうは!?」と催促していないかをチェックしてみるのもよいかもしれません。

あなたならどうする？

言葉以外から感謝や喜びが伝わってきた体験、どんなことがありますか？

Case 20

空席にわれ先に座る子どもに、思いやりを教えたいのですが。

ほかにも座りたい人がいるのに、元気いっぱいな子どもが席を取ってしまうと、「これでいいのか？」と戸惑いますね。どうすれば思いやりを教えられるでしょうか？

Answer

あなたの在り方で教えましょう。

考え方

子どもの視野を広げられるようにサポート

「人の役に立つ喜び」を学んだ子どもは、まわりのために自分に何ができるかを考えて行動するようになります。空席を人に譲ることにもいずれは自分で気づくでしょう。

ただ、子どもの想像力がまだ十分ではないうちは、「自分以上に座席を必要としている人がいる」ことを知らない場合があります。そのようなときは、電車に乗る前に親がその事実を教えることで、子どもの視野を広げるサポートをします。

そこで提案!

あなたの姿から学ばせます

もうひとつの方法は、親が自分の姿を通して教えるやり方です。

電車に乗っているときなら、電車の空席はできるだけ譲る、座っているときに必要な人がいたら声をかける。その他のときでも、困っている人を見かけたら力になろうとする。家でも外でもいつでもできることです。その姿は子どもに、人を思いやる素晴らしさを何よりも雄弁に伝えるでしょう。

あなたならどうする?

あなたは自分の在り方や行動から、
何を子どもに教えたいですか?

Work 10

感謝の気持ち

あなたが最近したことで、人から喜ばれたこと・感謝されたことを3つあげてみましょう。

例 家の前の掃除をしていて、お隣の家の前もついでに掃除した。

1.

2.

3.

＊ どうやって、喜ばれた・感謝されたとわかりましたか?

＊ 喜ばれたり感謝されて、どんな気持ちになりましたか？

Work 11

子どものお手伝いチェック

子どもに、日頃どんなお手伝いをしてもらっていますか？　そのお手伝いは、人の役に立つ喜びを教える機会になっているでしょうか？

＊ よくしてもらうお手伝いを３つあげてみましょう。子どもは、そのお手伝いを喜んでやっていますか？

1.

☐ 喜んでやっている　☐ いやいや、やっている　☐ どちらでもない

2.

☐ 喜んでやっている　☐ いやいや、やっている　☐ どちらでもない

3.

☐ 喜んでやっている　☐ いやいや、やっている　☐ どちらでもない

＊ 次は、今よりもっと子どもに「お手伝いをしてよかった！　またやりたい！」という気持ちになってもらうためにできることを考えてみましょう。

Work
12

あなたの気持ちを言葉にしましょう！

子どもがよいことをした時に、あなたはどんな言葉をかけていますか？

最近、子どもがしてくれたことで、嬉しかったこと、助かったこと、ありがたいなと思ったことを３つあげてみましょう。

＊ 子どもがしてくれたこと

例 買い物に行ったとき、
何も言わなくても荷物を持ってくれた。

左ページであげたことを振り返って、「すごい」とか「えらい」というほめ言葉を使わずに、感謝の気持ちや喜びなどを、あなた自身がどう感じたかということが伝わるように、具体的な言葉で伝える練習をしましょう。自分の言葉を豊かにすることは、子育てではとても大切です。

＊ 言葉かけ

→ 例
- ありがとう！ 重かったから助かったよ。
- こんなに重い荷物を持てるようになったのねぇ！ お母さん、びっくりしたわ～。

→

→

→

人の役に立つ喜びを知った子どもの、いい話！

ハートフルコーチのエピソード②

★ 気配り上手に！ ★

小学校低学年のとき、夏休みの宿題に「家のお手伝い」が出ました。食器の用意を手伝ってくれたので、私は「ありがとう！」「助かる〜」「このお料理にはこのお皿がぴったりだね」と本心から喜びました。食事の内容によって別のお皿を選ぶところにパズル的な要素が含まれていて楽しかったようです。それ以降、まわりの人の言動にも目配りができるようになりました。

★ やる気をのばす ★

娘は、「楽しそうだから」「ママが助かるかなと思った」と自分からお皿洗いをやり始めました。今では、興味のあることは自分から進んでやってくれます。私のやってほしいことを頼むのではなく、娘のやりたい気持ちを尊重してお手伝いを頼むと、「どうすればもっとうまくいくか」を考えながらやるようになりました。

★ 夫婦がお手本 ★

夫に「ゴミを出してくれてありがとう」、「お皿を洗ってくれてありがとう」と言っていたら、競争心に火がついたのか、小学1年頃から手伝いをしてくれるようになりました。夫婦が感謝しあう姿を見せるのが手本になっているように感じます。ゴミ出しだけでなく、別のシチュエーションでも率先して手伝いをするようになりました。

★ 洗濯物をとんとん ★

1歳の頃、洗濯物をたたんでいる私を見て、興味を持って近寄ってきたので、「とんとん」してねとタオルを1枚たたんでみせたら、まねをしました。初めはぐちゃぐちゃでしたが、面倒くさがらずに教えて、上手くできなくても辛抱強く見守ったら、きれいにたためるようになり、タンスにしまえるまでになりました。

★ ほめずに感謝 ★

1歳を過ぎた頃から、スリッパを持って来てくれたり、お茶をついでくれます。子どもをほめたら、私を喜ばせようとして同じことをしましたが、最初ほど喜ばない私を見て、口をとがらせてすねるように。ほめるのではなく、感謝の気持ちを伝えるようにしたら、私の反応もあまり気にせず楽しんでやってくれています。

5章

聞き方・伝え方

「聞く」ということは、親が子どもにできる一番のサポート方法です。
話を聞いたうえで、親の気持ちや考えを子どもに伝えることが大切です。
ふだんみなさんはどういう聞き方・伝え方をしていますか？
この章では具体的な聞き方・伝え方について、一緒に考えていきましょう。

Case 21

忙しいときに話しかけてこられるとイライラしてしまいます。

子どもって、朝や夕方の忙しいときに限って、親のそばにまとわりついたり、話しかけてきますよね。「なんでわざわざ、こんなときに？」とイライラしてしまうこともあるでしょう。

でも、そのときの子どもの気持ちを考えたことありますか？

Answer

いったん受け止めて、「いつ聞くか」具体的に約束しましょう。

考え方

「忙しいときに限って」の理由は何か、考えてみましょう

朝出かける前や、夕食の支度をしているときなどに話しかけられると、困りますよね。それも特に急ぎでもなさそうな話を延々と……。

一見迷惑なその行動の奥にある子どもの気持ちを考えてみましょう。子どもの様子はどうでしたか？　表情は？　目つきは？　声の調子は？「私を見て」「僕を気にかけて」という願いが透けて見えてはきませんか。忙しい気持ちはいったん横に置いて、まずは子どもの気持ちを受け止めてみましょう。

そこで提案！

「後で」の約束は具体的に！

そうは言っても、忙しいときには、あまり時間をとれません。そんなときには、ちょっとだけ手をとめて、子どもの目を見て、「お母さん（お父さん）は今、○○をしていて忙しいんだ」と状況を説明しましょう。

そのうえで、ただ「あとでね」ではなく「話は××のときに聞くからね」と具体的に約束をしてください。すると子どもは安心し、「その時間」を楽しみに待つことでしょう。何げない話を嬉しそうに話してくれる今の時期を、味わい楽しんでみては？

あなたならどうする？

手をとめ、目を見て、説明し、約束するのに、どれくらい時間がかかりますか？

Case 22

子どもが話してくれないので寂しい気持ちになります。

「上の子は、学校のことや友だちの話をたくさんしてくれたのに、下の子はさっぱり話してくれない……」。たとえばそんなとき、「学校には元気よく通っているので大丈夫」とは思っても、やっぱり気になりますね。では、こちらから質問すればいいのでしょうか？

Answer

聞きたいことではなく、子どもが話したいことを聞きましょう。

考え方

「親は何を聞きたいのか？」「子どもは何を話したいのか？」を考えて

子どもの話を聞きたい親は多いですよね。あなたは、そもそも子どもから、どんな話が聞きたいのでしょうか？　一方、お子さんはどんな話をしたがっていると思いますか？　もしかすると、この２つの間にはギャップがあるかもしれませんね。親の一方的な聞きたい気持ち、聞きたい質問が先行しすぎると、子どもは話す気をなくしてしまうかもしれません。

そこで提案！

子どもが口を開くのを待つ

大切なのは、子どもが話したいことを聞くことです。子どもの様子を普段からよく見て、好きそうな話題を振り、子どもが話し始めるのを待ちましょう。そして、話し始めたら、それが親の聞きたいことと違っていても、聞きます。

もし子どもが話さないとしても、無理強いするのはやめましょう。なんでも話してくれた頃を思うと、少し寂しいけれど、それはそれでよいではありませんか。それも成長の証なのですから。

あなたならどうする？

なんのために、子どもの話を聞くのですか？

Case 23

子どもの元気がなくて、心配です。

「子どもが最近元気がなくて、浮かない顔をしている」。しかも、「何かあったの？」と訊いても、「別に……」と下を向くばかり。親としては、よくない想像が膨らみ、心配でたまらなくなります。そんなときには、どうしたらよいのでしょうか。

Answer

子どもの様子を
よく観察してみましょう。

考え方

言葉以外のメッセージを汲み取る

子どもに、元気がないと心配ですよね。訊いても話してくれないと余計に心配になってしまい、なおさらいろいろ訊きたくなってしまいます。

しかし、子どもの気持ちは言葉以外の様子、行動、態度からでもわかるのではないでしょうか？　子どもはいろいろな場面で、さまざまなメッセージを発しています。むやみに心配するのではなく、子どもの日常をよく観察してみましょう。

そこで
提案！

「観察力」を鍛えよう

子どもの日頃の様子を一番よく知っているのは、お父さん・お母さんです。ふだんに比べて、子どもの様子はどうでしょう？

夜はよく寝ていますか？　食欲はありますか？　学校へ行くときの様子は？

兄弟姉妹の中ではどうふるまっていますか？　それらを観察することで、子どもの気持ちや状況が推察されてくるでしょう。

ただしそのためには常日頃、子どもの様子をよく観察し、親の「観察力」を鍛えておくことも大切です。

あなたなら
どうする？

あなたの子どもの、観察ポイントは何ですか？

「どうでもいい〜」とはっきりしないのが、気がかりです。

口癖は「なんでもいい〜」「どうでもいい〜」。おやつや夕食の献立ならいいかもしれませんが、もっと大事な話をしているときも、この調子では気になりますね。小さいときには、親がアドバイスしてもいいですが、だんだん自分で決められるようになってほしいですね。

Answer

答えを与えるのではなく、迷いに寄り添いましょう。

考え方

子どもは親に「安心」を求めている

誰もが自分の中に答えを持っています。子どもも、ただ自分の答えに気がついていないだけなのかもしれません。もしかすると、決断をする自信がなくて「迷っている自分を受け止めてもらいたい、最終的な選択に向けて背中を押してもらいたい」だけなのかもしれません。求めているのは「答え」ではなく「安心」ではないでしょうか？

そこで提案！

子どもの言葉を拾いながら、選択肢を広げる手助けも

まず「子どもが迷っている」という、その状態を受け入れましょう。そのうえで、最初は「YES・NO」で答えられる、答えやすい質問から。そして、だんだん「AとBどちらがいい？」「Aのどういうところがいいの？」と子どもの言葉を拾いながら掘り下げたり、「だったらCはどう？」というように、子どもの選択肢を増やすための提案をしてあげましょう。

出てきた答えが予想外であっても、いったん受け止めてください。日頃から、なんでも親が決めずに子どもに決めさせる習慣を作るのも大切です。

あなたならどうする？

迷っているとき、
まわりの人にどうしてもらいたいですか？

Case 25

子どもから「うるさい、ほっといて」と言われ、心がざわつきます。

五《う》月《る》蝿《さ》い
が〜ん…
えええ〜っっ
「ねえ」って声かけただけなのに……

普通にちょっと声をかけただけなのに、怖い顔で「うるさい、ほっといて！」と言われてしまった……。子どもからそんな態度をとられたら、「なんであんなこと言われなきゃいけないの？」と腹も立つし、本当にほっといていいのか悩みますね。

Answer

子どもの言葉に過剰反応しない。深追いしない。

考え方　**そっとしておきましょう**

攻撃的な言葉を吐かれると、親は動揺しますよね。「親に向かってその口のきき方は何なの！」と反応し、売り言葉に買い言葉で泥沼化……。なんてことにならないためには、深呼吸するか、洗面所に手を洗いに行くなど、体を動かすことで、気持ちを落ち着かせましょう。

子どもには子どもの事情があり、気持ちがあります。私たち大人がそうであるように、ひとりになりたいときも、かまってほしくないときもあるでしょう。まずはそっとしておきましょう。

そこで提案！　**でも見守っているよ、という気持ちを伝えよう**

しばらくして子どもがきまり悪そうに、あるいはケロッとした顔でやってくれば、親の側も何事もなかったように接してみませんか。

もしも本気で「ほっといて」と言っているとしたら、深追いせずに、そのまま受け止めましょう。そして、「でもお母さん（お父さん）はいつもそばにいるから、何かあったら言ってね」といつも「見守っている」という気持ちを穏やかに伝えましょう。

あなたならどうする？

あなたは「ほっといてほしい」と思うことがありますか？
そういうとき、相手にどうしてもらうと、
一番嬉しいですか？

Case 26

何度叱っても、子どもが電車の中で騒ぐので憂うつです。

公共の場、特に乗り物の中で、騒ぐのははた迷惑ですよね。周囲の人の視線も気になるし、出かけるのが、憂うつでたまらないというお母さん。何度叱っても、毎回同じことの繰り返しで直らないのはなぜでしょうか。

Answer

指示命令ではなく、気づかせる。

考え方

状況を、子ども自身に理解させよう

子どもが騒ぐと、「早く静かにさせなくちゃ！　だってそれが親の仕事！」とばかりに焦ってしまい、叱りつけたり、お菓子で釣ったり……。そうやって一時的に、子どもをコントロールして静かにさせても、表面的な対応では、また同じことが起きる可能性大です。子どもは遊びに夢中になってしまい、周囲の状況がわからなくなってしまっているのかもしれません。

そこで提案！

自分がどうしたらいいか、子どもに考えさせる

起こっていることと、それが周囲の人たちや親にどんな影響を与えているかを、子どもに伝えてください。そして親が「静かにしなさい」と答えを与えるのではなく、「あなたがここで騒ぐから、まわりの人たちやお母さんは困っているの。どうしたらいいと思う？」というように、どうしたらよいかを、子どもに問いかけてください。

押しつけられたことは忘れがちですが、自分で言葉にしたことは実行するでしょう。そうは言っても、ただ我慢するのも子どもにとっては、つらいもの。子どもが退屈しないですむような、本やお気に入りのゲームなどを持たせておくといいですね。

あなたならどうする？

子どもが自分で考えることに、
どんなよいことがありそうですか？

Case 27

使ってほしくない言葉を子どもが気軽に使うのが気になります。

テレビやゲーム、漫画の影響なのか、「死ね」「殺す」を連発する子ども。特に悪気はなさそうだからと、そのまま放っておいていいのでしょうか。「やめなさい」と言う以外に、どうすればよいのでしょう。

Answer

その言葉が、人に与える影響を考えさせましょう。

考え方

「やめなさい」だけでは届かない

「いけない言葉を使うのは、やめなさい」という言葉がけは、子どもには届きづらいものです。「使ってはいけない」言葉だから、おもしろがって口にしているのです。仮に親の前でやめたとしても、他のところで言い続けるでしょう。ですから、ただ「やめなさい」ではなく、それが人にどういう影響を与えるか、しっかり伝え、子どもが考える機会を作りましょう。

そこで提案!

言われた時の気持ちを伝えよう

「そういう言葉を聞いてお父さんは悲しくなった」「私はそれを言われると、心が傷つくの。だからあなたには使ってほしくない」など、言われた人の気持ち、聞いている人の気持ちを、しっかりと真剣に伝えましょう。あとは子ども自身が考えるでしょう。

また、外からの影響もあるでしょうが、子どもが一番よく耳にするのは、親の言葉です。お互いを尊重する気持ちや「ありがとう」などの感謝の気持ち、他人を認める言葉が家庭内に溢れているといいですね。

あなたならどうする?

お子さんはあなたの言葉を聞いて、どう感じていると思いますか?

Work 13

あなたのまわりにいる聞き上手な人って、どんな人？

最近、あなたが考えていること、感じていることを『全部話してスッキリした』ときのことを思い出してください。そのときのようすを５Ｗ１Ｈでできるだけ具体的に書き出してみましょう。

WhO?

誰が聞いてくれましたか？

What?

どんなことを話したのですか？　子どもや家族／仕事／健康／趣味etc.

When?

いつ話しましたか？　朝／昼／晩／話したいことがあってすぐ？
きっかけは？

Where?

どこで話しましたか？　自宅（のどこ？）、友人宅、お店、車の中、電話etc...

Why?

なぜ、気持ちよく話せたのだと思いますか？

How?

どうやって聞いてくれましたか？　相手の姿勢、視線や表情、言葉がけ、話しているときの雰囲気、あなたとの位置関係etc...
思いつく限りあげましょう。

あなたのこの体験の中には、あなたが子どもの話を聞くときのヒントがたくさん詰まっています。もちろん、この章のなかにもヒントはいくつもあります。その中から「あの子だったら、こうすれば話しやすい」というポイントをまとめてみましょう。

When?

いつ聞きますか？

Where?

どこで聞きますか？

How?

どうやって聞きますか？

Work 14

コーチング的会話レッスン

「どうでもいい」とはっきりしない子どもとその親の会話です。読み比べてみましょう。

いつもの会話

親 ねえ、もうすぐ夏休みだよね。どうする？　何かしたい事ある？

子 う～ん。別に～。

親 自分の事でしょ。ちゃんと考えなさいよ。

子 う～ん。わかんな～い。ホントにどうでもいいんだもん。

親 しょうがないわねえ。じゃあ、去年も行った「夏休み子ども科学教室」申し込むよ。いいわね？

子 ふぁ～い。

親 ……（ため息）。

コーチ的会話

親 ねえ、もうすぐ夏休みだよね。
どうする？　何かしたい事ある？

子 う～ん。別に～。

親 別に～、かあ。

子 ふん。

＊1　オープンクエスション
答えが無限にあるので、子どもは自由に考えることができます。そのため、考えが広まり、深まります。

＊2　繰り返す
子どもの言葉を否定せず、いったん受け止めます。繰り返すことで、受け止めたということが、子どもに伝わります。

親 去年、「夏休み子ども科学教室」行ったよね？　あれ、おもしろかった？

＊3　クローズドクエスチョン
YESかNOで答えられる質問です。考えはあまり広がりませんが、答えやすいので、返事があいまいな場合のとっかかりになることが多いです。

子 う～ん。まあまあ。

親 まあまあだったんだ。
と言うと、どういうところがよかったの？

＊2′　繰り返す
子どもの気持ちを受け止めると同時に、再度聞くことで、子どもは自分の言葉を確認することができます。

＊4　肯定的にとらえる
まあまあなので、100点満点の50点くらいなのでしょうか。足りない50点ではなく、ある50点の内容を聞いていきます。

子 えっと、ナツくんと一緒なのが、
よかったな。

親 あ、ナツくん一緒だったのがよかったんだね。
ナツくんと言えば、さっきナツくんのお母さんが恐竜展に行くって言ってたけど、一緒に行く？

＊5　提案する
指示や押しつけとは違って、それを選ぶかどうかは子どもが決めます。

子 う～ん……。（考えている）

親 ……。

＊6　沈黙する（待つ）
途中で口を挟まず、子どもが話し出すまで待ちます。

子 どうしたらいいか、わかんない。

親 あ～。わからないんだあ……。

子 ……ナツくんとは遊びたいけど、恐竜はあまり好きじゃない。

親 そうか。ナツくんとは遊びたい、でも恐竜は好きじゃないんだ。

子 だって、この前、大きな恐竜の骨が動いて怖かったんだもん。

親 ああ、あの時ね、怖かったよね～。
ママも怖かったよ。でも今回は、大きな骨は動かないみたいだよ。

＊7　共感する
子どもの言葉を否定せず、気持ちに寄り添います。

子 ほんと？　じゃあ行きたい。
ナツくんもいるし……。

親 じゃあ、そうしようね。

子 明日、詳しいことをナツくんに訊いてみるね。

親 それはいい考えだね。

＊8　承認する
子どもの考えや気持ちを肯定し受け止め、認めます。

Work
15

伝え方　3ポイントアドバイス

子どもが、流行の新しいゲームソフトを欲しがっています。

会話例

子　最新版のゲームソフト買ってえ――！

親　ダメッ！

子　何でだよ、いいじゃん、買ってよ！

親　ダメといったら、ダメなの！

子　ケチ。買ってくれてもいいじゃんよ！

これでは子どもは納得できませんし、親も気分が悪いですね。そこで……、

親の言葉かけの参考例

1　はっきりと伝える ＝ 親の意見や気持ちをわかりやすく伝える

例　この前買ったばかりだから、新しいソフトは必要ないとママは思う。

2　肯定的に伝える ＝ 子どもの気持ちを思いやり、やる気を起こせるようにする

例　おもしろそうなソフトだからほしいのね。
でも、この前買ったソフトもまだ遊べるんじゃないかな。

3　具体的に伝える ＝ 何をすればよいのかがすぐにわかるように伝える

例　お誕生日まで待ちましょう。

3ポイントで言いかえてみよう

1　ダメじゃない
→ ママはそのやり方だと、まわりの人に迷惑をかけると思うけれど、あなたはどう思う？

2　こんな簡単な問題を間違ったの？
→ この前習ったところだけれど、どこがわからなかったのかな？もう一度やってみようか。

3　ちゃんと片づけなさい
→ ランドセルは机の横のかばんかけにかけなさい。

6 章

こんなときどうする？

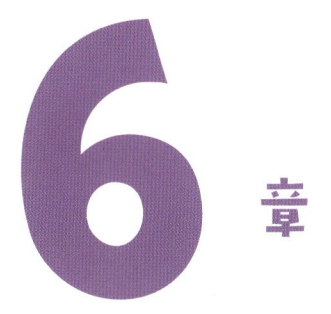

Case 28

いくら言っても、片づけができないので困ります。

ランドセルは放りっぱなし、机の上はぐちゃぐちゃ、プリントは散乱。何度注意しても、どこ吹く風。だからと言って、代わりに親が片づけていたら、いつまでたっても自分で片づけられるようにはなりませんよね。

Answer

一緒にやり方を考え、後は任せて見守りましょう。

考え方

手本を見せて一緒に考える

片づけの基本は、物の置き場所を決めること。物は決まった場所から出し、使い終わったら、同じ場所に戻すようにしましょう。子どもに言うだけでなく、親が手本となり、実際にやってみせることも大切です。そして、親子で一緒に考え相談しながら、物の出し入れのしやすい場所を決めましょう。適切な置き場所ができると、片づけは楽になります。

そこで提案!

任せて見守り、できたことを認めよう

置き場所が決まったら、余計な手出し口出しを控えて、子どもに任せて見守ってみましょう。そして、「ハサミを元の場所に戻せたね」「本がきちんと並んでるね」など、できたことを認める言葉を、たくさんかけることも心がけてください。「お母さんもお片づけ上手になりたいんだ～」と２人で戻すのも楽しそうですね。

それでもなかなかうまくいかないときは、その置き場所が本当に使いやすいかどうか、見直してみることも必要です。

あなたならどうする？

片づけがうまくいくのは、どんなときですか？

Case 29

兄弟げんかがひどいので、なんとかしたいのですが……。

朝から晩まで、おもちゃを取ったの、取られたの。バカと言ったの、言われたの。友だちとは仲よく遊べていても、兄弟だとつまらない理由で大げんかが始まるのはなぜでしょう。親のほうも、一日中大声を出して怒ってばかりでは、クタクタですね。

Answer

けんかは兄弟姉妹ならではのコミュニケーションです。

考え方　「審判の目」は要らない

兄弟げんかって不思議だと思いませんか？　他の人には絶対言わないようなことを言い、やらないようなことをして、わんわん泣いているくせに、しばらくしたら、また一緒に遊んでいる……。

こんなけんかに「審判の目」をもって仲裁に入ることは、子どもたちにとって必要なことなのでしょうか？　子どもたちの「けんか力」を信じて、ちょっと距離をおいて、この兄弟姉妹ならではのコミュニケーションを親も味わってみませんか？

そこで提案！　悔しさは受け止めてあげよう

「距離をおいて見守る」とはいえ、子どもが危ないことをしないように見ているのは親の役目です。余計な手出し、仲裁は控えつつ、しっかりと見守りましょう。

またけんかの後、特に負けたほうは悔しいものです。ひざにしがみついて来る子には、その悔しさを優しく受け止めてあげましょう。「悔しかったんだね」「わかるよ〜。お母さんも子どものときね……」と肩を抱いてあげましょう。

あなたならどうする？　兄弟げんかには、どんなよいことがあると思いますか？

Case 30

「ごめんなさい」が言えない子どもに、どう対応したらいい？

悪いことをしているのに「ごめんなさい」を言わない子ども。「ごめんなさい、は？」と促すと親をにらみつけるばかり。頑なになっている子どもにはどう接したらいいのでしょう。

Answer

言葉だけでない、「ごめんなさい」を読みとる。

考え方　「ごめんなさい」を言えないのはなぜ？

私たち大人でも「ごめんなさい」を気持ちよく、心からは言えないときって、ありませんか？　どういうときに素直に言えて、どういうときに言いづらいのでしょうか？　相手の態度、まわりの環境に何か違いはありますか？

相手があなたを責めているように感じたり、まわりの空気が緊張していると、謝りにくいもの。子どもが「ごめんなさい」と言えないとき、あなたはどんな態度をとっているか、思い出してみてください。

そこで提案！　子どもの表情や体の様子をよく見てみよう

牛乳をこぼしたとき、弟妹が泣きだしたとき、あるいはあなたの顔を最初に見たとき、子どもはどんな表情をしていたでしょうか。びくっと肩を動かしていませんでしたか？

そこに子どもの中の「悪いことをした。申し訳なかった」という気持ちを見つけたら、あとは、黙って目を見るか、肩に手を添えるだけでよいではありませんか。「ごめんなさい」の言葉は後からついてくるでしょう。

あなたならどうする？

「ごめんなさい、は？」と子どもに促すとき、
あなたはどんな表情をしていると思いますか？

Case 31

点数の悪いテストを隠すようになりました。

ベッドと壁の隙間に、悪い点のテストが何枚も隠してあった……。
そんな場面に遭遇したら、点数がひどいこともショックかもしれませんが、隠しごとをされたこともショックですよね。
子どもは、見つかったら怒られると思っているのでしょうか。

Answer

立場を置き換えてみましょう。

考え方　なぜテストを隠すのか、原因を考えてみよう

あなた自身はどんな子どもでしたか？　テストで悪い点をとったことはありませんか？　そのときは親にすすんで見せましたか？

誰だって、悪い点のテストは親に見せたくないですよね。がっかりさせたくないですし、小言を言われるのもイヤなものです。

自分が子どもの頃、どうしていたか、思い出してみてください。一方で、親になった今、「子どもが思わず隠したくなるような反応をしていないか」ということも振り返ってみてくださいね。

そこで提案！　大事なのは、結果を責めることではなく、これからどうするかを考えること

せっかく子ども時代のことを思い出したのですから、昔の失敗談や武勇伝（？）について、お子さんに話してあげるのも楽しそう。

大事なのは、テストで悪い点をとる原因となった勉強不足や、テストを隠したことを責めることではなく、「この経験（悪い点をとってしまったこと）から何を感じたか？」「この経験を次にどのように活かしていくか？」ということです。それを子どもと話してみてください。

あなたならどうする？

小学校時代に、テストで悪い点をとったとき、
親にどのように対応してもらうと
やる気が出ましたか？

Case 32

子どもがウソをつくようになって、心配です。

「子どもがすぐにばれるようなウソを平気でつくようになった」そんなとき、深い意味はなさそうだからと、ほうっておいてもいいのでしょうか？　それとも注意すべき？「ウソつきは泥棒の始まり」という言葉もあるし、やはり心配ですよね。どうしたらいいのでしょう。

Answer

子どものウソの背景に目を向けてみる。

考え方

どうしてウソをついたのか、子どもの立場になって考えてみよう

子どもにウソをつかれると悲しいですよね、混乱しますよね。そんなとき、あなたはお子さんに、どう対応していますか？ 「カッとなって問い詰めたら、子どもは貝のように口を閉ざしてしまった」なんてことはありませんか？

子どもがウソをつくのには、親を喜ばせたい、親に心配をかけたくない、自分を守りたい、自分で決めたい、などの理由や背景があるのかも。まず深呼吸して、それから理由・背景に目を向けてみてください。

そこで提案！

聞く姿勢を整えよう

罪のない軽いウソなら、親もさりげなくやりすごしましょう。そうでない見逃せないウソに関しては「どうして!?」と問い詰めたくなる気持ちを抑えて、たとえば「お母さんは悲しかったよ」とI《アイ》メッセージ（77ページ参照）で気持ちを率直に伝え、後は子どもが話し出すのをじっくりと待ちましょう。話し出したら、目を見て、子どもの言葉を否定せず、途中で口を挟まずに聞きましょう。最後まで、しっかりと。

あなたならどうする？

あなたは子どもの頃、
親にウソをついたことがありますか？
あるとしたら、どんな場面でしたか？
そのとき、親にどうしてほしかったですか？

Case 33

お金の使い方が計画的でないので、なんとかしたいのですが。

お小遣いをあげても、計画性がなくて、すぐに使い切ってしまう。そんなときにはどうしていますか？　お金の価値や付き合い方を、いつ頃からどうやって教えればいいか、考えてみましょう。

Answer

体験を通じて学ばせましょう。

考え方　お小遣いによってお金の価値を学ばせる

いずれ子どもは成長し、自分で仕事をしてお金を得て、自分でお金を使うようになります。お小遣いはいわばその練習、親の目の届く時期にお金を管理する練習です。決まった額のお金を自分で使う、という体験を通して、お金の使い方と価値を学ばせるのです。

たとえ失敗しても、今の時期ならダメージも少なくてすみます。小さな失敗を重ねながら、お金の価値、自分なりのお金の使い方について学ばせましょう。

そこで提案！　子どもの学びを見守ろう

早くお小遣いを使い切ってしまったら、後が困りますよね。追加のお小遣いをあげるのではなく、ここは見守ってください。お小遣いがなくなれば、後は我慢するしかない、ということを子どもは学びます。

そして、「どのように使うことが自分にとって幸せなんだろう？」と考えます。来月、再来月とだんだん自分なりの工夫をするようになってきます。失敗をすることで、よりよい結果を手に入れる方法を学ぶのです。（Case11参照）

あなたならどうする？

子どもにどんなお金の扱い方をする大人になってほしいですか？
そのためにあなたが今、できることは何ですか？

Work 16

怒りのスイッチを切る

最後のワークです!! 子どもと接していてカーッとなったとき、どうしていますか？ 自分の怒りがどこから来ているのかに気づき、怒りのスイッチを切る方法をご紹介します。

怒りのスイッチを切る2ステップ

ステップ1 自分の中の「べき」に気づく

子どもの言葉や行動にイライラ！ そんなとき、あなたの中に、「こうあるべきだ」という前提はありませんか？ 「べき」が多いと、その通りにならないことにストレスがたまり、イライラがつのってきます。自分の中の「べき」に気づけるようになると、自動的な怒りにとらわれなくなります。

ステップ2 事実をよく見て、(現実) ありのままを受け止める

「べき」は親の勝手な期待です。子どもにしてみれば、「そうあるべき」とは思っていません。ちょっと冷静になって、事実をよく見て、ありのままを受けてとめてみましょう。

例 出かける間近までゲームをしていて、慌てて準備している姿に、ムカムカ！

ステップ1 私のなかの「べき」は？ → しなくてはいけないことを先にするべき

ステップ2 事実をよく見ると → 出かける用意を先にするにこしたことはないけれど、ゲームがおもしろくて夢中になってしまうこともあるんだな。

では、練習してみましょう。

1. 人が真剣に話しているのにいい加減な聞き方をされると、ムカッ！

ステップ1 ....

ステップ2 ....

〈参考例〉ステップ1：人が話しているときは、ちゃんと聞くべき。／ステップ2：人が話しているときは、ちゃんと聞いてほしいけれど、今は話を聞く気分じゃないのかもしれない。もしかしたら、話の内容が聞きたくないことなのかも。

2. 「どうせできない」「僕なんか」などのいじけた発言にイライラ！

ステップ1 ....

ステップ2 ....

〈参考例〉ステップ1：前向きに考えるべき。／ステップ2：前向きになったほうがいいとは思うけれど、「この前もできなかったし、またできなくて落ち込むくらいだったら、しないほうが楽」と思っているのかもしれない。

3. 習い事に手を付けてはすぐ止めるので、頭にくる！

ステップ1 ....

ステップ2 ....

〈参考例〉ステップ1：やり始めたことは、長く続けるべき。／ステップ2：始めたことは、長く続くといいけれど、そうはいかないこともあるわね。

最近、怒りのスイッチが入ったことを2ステップで整理してみましょう。

怒りのスイッチが入ったこと →

....

ステップ1 ....

ステップ2 ....

怒りのスイッチを切ることができると、親の本来の役割に立ち返ることができます。つまり、子どもが自分で考え、自分で前に進めるようにサポートするという立場から、子どもに声をかけられるようになります。

そのとき、あなたは子どもに何を伝えるでしょうか。何をいちばん伝えたいでしょうか？　ぜひ自分に問いかけてみてください。

この本の制作に関わった
ハートフルコーチから読者の皆様へ

副島《そえじま》眞《ま》由《ゆ》美《み》

最後まで読んでくださってどうもありがとうございました。イライラを解消できそうなヒントは見つかりましたか？「見つけよう」「どんな方法があるかな」と探し出しているという事は、すでにあなたが今までとは違う一歩を踏み出そうとしているのだと思います。まずは無理なくできることから試してみてください。応援しています。

寺下《てらした》和《かず》也《や》

今のあなたは、子育てを楽しんでいますか？　それともちょっと疲れていますか？　子どもはあっという間に大きくなり、親から離れていくものです。今この瞬間、「大好き！」と言いながらわが子をギュッと抱きしめ、愛を伝えてみませんか。それをしてからこの本を読むと、ワクワクする子育てのヒントがたくさん発見できますよ！

中《なか》曽《そ》根《ね》陽《よう》子《こ》

先日子どもの誕生日に、娘から「お母さんになって25年おめでとう！」と祝ってもらいました。つくづく、私自身が子どもに育てられたなと思います。思い通りにいかなくて、イライラすることがあっても当たり前。だって、親も発展途上なのですから……。この本があなたの子育てのサポーターになれたら嬉しいです。一緒に頑張りましょう！

米澤《よねざわ》佐《さ》知《ち》子《こ》

子どもにイライラしたり、そんな自分を責めたり、でもどうしていいかわからずモヤモヤしたり。それほどまでに、親は子どもを思います。子どもに「できる力」があるように、親にも「できる力」があります。違うのは、親は自分でその力を育てられるところです。この本があなたの笑顔が増やすきっかけとなれば嬉しいです。

後 迫《うしろざこ》美《み》奈《な》子《こ》

以前の私は、多くの育児本に翻弄《ほんろう》されるトホホなママでした。しかしハートフルコミュニケーションを学んだ今、7歳の娘が「ママ、ハートフルを勉強していてよかったね！」と言うほどに、一緒に毎日を楽しんでいます。これからも、親としてさらに成長していきたいと思っています。気づいたときがスタートです！　みなさんの成長を応援しています。

桑原《くわはら》修《なお》子《こ》

私には4人の子どもがいます。
子どもは本当に一人一人違います。
その子その子が本来生まれ持った力があります。
その力を信じて、自分を信じて、まずは試してみてください。
私たちハートフルコーチが全力でサポートします！

畑《はた》 さち子《こ》

ハートフルコミュニケーションを学んで、私はそれまでの子育てのやり方を悔やみました。すると息子は「いや、よく育ててもらったと思うよ。その証拠に俺はいい17歳だろ」。子どもは寛容で、親の少々の失敗は許してくれるようです。皆さんもどうぞ、ご自分を信じてお子さんを信じて、子育てのトライ&エラー楽しんでください。

平沢《ひらさわ》恭《きょう》 子《こ》

今のあなたのやり方に間違いはありません。でも、もしそのやり方で「うまくいかないな」と思ったら、「やり方を変えて」、「うまくいく方法をあれこれ試して」みることをおすすめします。まわりの人に頼ってうまくいくヒントを聞いてみるのもひとつの手です。この本でも、あなたの力になるヒントがきっと見つかると思います。参考にしてみてくださいね！

森《もり》 いづみ

ハートフルコミュニケーションと出会って、人にとって「本当に大切なこと」を学びました。でも、未だに間違った対応をすることもあります。子どもの反応を見て、何かに気がつき、子どもと向き合い、対応を変える日々です。ハートフルを「これが正しい」とマニュアルとして頭に入れるのではなく、これを軸に自分で考えることを大切にしたいと思います。

渡邉《わたなべ》典《のり》子《こ》

私は3人の子育て中です。毎日、いろいろなことが起こります。感情的になったり、自信を失い不安な時もあります。そんな時にハートフルは、「ちょっと待てよ、こんな時には？」と、一瞬立ち止まって、自分と向き合い、その後のやり方を考えることに役立っています。子どもたちと、親の未来が、笑顔いっぱいになりますように。

NPO法人
ハートフルコミュニケーションの紹介

NPO法人ハートフルコミュニケーションは、子どもの幸せな自立をめざす親たち・大人たちのサポートを目的に2006年に設立されました。

コーチングの考え方を子育てにとりいれた「ハートフルコミュニケーション」のプログラムを、講演やワークショップなどの形で全国各地で提供しています。新宿区の委託を受けて同区立小学校の新入学児童の親を対象とした入学前プログラムを担当するなど、自治体の協働事業にも携わってきました。

活動を支える会員の数は121名。随時募集していますので、活動にご賛同いただける方は、右ページ掲載のホームページよりご応募ください。

ご参加いただけるプログラムのご案内

ハートフルワークショップ

「子どもの自己肯定感」「家庭のルール」等、身近で関心の高いテーマを切り口に、子どもとの接し方や自分の在り方を考える体験型の勉強会です。
この本を使った『子どもの心のコーチング実践ワークショップ』も始まります！
詳しい情報をご希望の方は、下記アドレスまでEメールでお問い合わせください。
workshop_info@ys-comm.co.jp

講演会

ハートフルコミュニケーションの基本的な考え方を2時間で知ることができる、ロールプレイを交えた参加型講演会です。全国の幼稚園、小・中学校、自治体、PTA等の主催で開催しています。

ハートフルセッション

日頃の育児を振り返りながら、語り合い、育て合う親のための場です。
ハートフルコーチ養成講座を修了し、認定試験に合格したハートフルコーチが進行役を務めます。2011年3月現在、全国31カ所で開催しています。

ハートフルコーチ養成講座

ハートフルコミュニケーションを「学ぶ」だけでなく、「伝えていきたい」人たちを対象にした講座です。卒業後NPOの認定を受けたハートフルコーチたちは、セッションやワークショップ、自治体との協働企画等、さまざまな場面で活躍しています。
この本の企画・制作を担当したハートフルコーチたちもこの講座の卒業生です。

特別公開講座「エニアグラム」

人はそれぞれ持って生まれた“気質”があり、気質の違いは、行動や考え方の違いとなって現れます。エニアグラムを学んで気質の違いを知ることで、「なぜ私ってこんなふうに考えちゃうの？」「どうしてこの子はこんなことをするの？」という疑問が解けて、自分のことも他人のことも受け入れやすくなります。

ハートフルクラブ

ハートフルコミュニケーションの学びを深め、視野を広げるために、子育て支援に関わるさまざまな分野の方をお招きして、年に3回、無料講演会を開催しています。

✚さらに詳しいご案内をご希望の方は…

★NPO法人ハートフルコミュニケーション　ホームページ

WEB版

http://ys-comm.co.jp/heartfulcommunication.html

携帯版

http://www.ys-comm.co.jp/k

✚よりタイムリーな情報をお求めの方は…

★メールマガジン

PC版配信登録

http://www.mag2.com/m/0000125594.html

携帯版配信登録

M0088697@r.mini.mag2.com　宛に空メールをお送りください。

※迷惑メール防止のために受信制限をされている場合は、上記アドレスの受信設定をお願いいたします。

あとがき

日々の子育ての中で「これでいいの？」「どう考えればいいの？」と思う場面に出会うことがよくあります。一人で考えてもなかなかいい考えにたどり着かないとだれかと話したくなります。ところが、身近に相談できる人がいない場合があります。相談してみてもその内容に必ずしも納得がいかないこともあります。人に相談したくないということもあるかもしれません。日々の悩みを私達はどう解決すればいいのでしょう。

そこで私たちはこの本を作りました。この本では、よくある悩みへの対応の仕方をお伝えします。悩みをどう捉えるかから始まり、自分自身との対話を深めて、親としての考え方を確立するための自己ワークを紹介しています。

これらのプロセスは私たちがハートフルコミュニケーションで提案している考え方を基本にしたものです。ハートフルコミュニケーションでは、子育てをより楽しみ、親たちが充実した日々を送ることを目指して様々な提案をしています。

なぜ、親にとって子育てが楽しくなくてはならないのか。それは親が楽しんでいるとき、子どもの中に、生きる楽しさを育てることができるからです。もし親が子育てを楽しめず、いつも怒ってばかりいたら、子どもは生きることは楽しくないと学びます。怒ることが人生であると学ぶか、怒られてただ我慢することが生きることになってしまうかもしれません。親が子どもと暮らすことを楽しんでいたら、子どもは素直に生きることは楽しいと学びます。ですから、実は子育てとは、子どもを育てるというより、その子どもに向かう自分を育てるときといえるのです。

つまり子育ての悩みは、私たちが人として成長するチャンスなのです。うまく対応する仕方を学べば、子どもを成長させられるだけではなく、私たち親もまた、人として一回り大きくなれるのです。

NPO法人ハートフルコミュニケーションのハートフルコーチたちに一緒に本を作ろうと呼びかけたのが2009年の年末、ハートフルクラブでのことです。ハートフルクラブは、私たちハートフルコミュニケーションの会員が「こんなことをしたい」と呼びかける場でもあります。私の呼びかけに何人もの人が手を挙げてくれました。

そして一年、私たちのメッセージが出来上がりました。私たちの一年を見守ってくださった合同出版の齊藤暁子さんに感謝します。そして、この本を書き上げた中曽根陽子さん、米澤佐知子さん、畑さち子さん、平沢恭子さんとその執筆を支えたハートフルコーチたちに「Good Job！　ありがとう」。

そして、誰よりもこの本を手に取り、子どものために自分を成長させようとしているあなたに感謝します。

2011年2月

NPO法人ハートフルコミュニケーション代表理事

菅原裕子

監　修

菅原裕子（すがはら・ゆうこ）

NPO法人ハートフルコミュニケーション代表理事、有限会社ワイズコミュニケーション代表取締役。
1977年より人材開発コンサルタントとして、企業の人材育成の仕事に携わる。
従来の「教え込む」研修とは違ったインタラクティブな研修を実施。
1995年、企業の人育てと自分自身の子育てという2つの「能力開発」の現場での体験をもとに、子どもが自分らしく生きることを援助したい大人のためのプログラム、ハートフルコミュニケーションを開発。各地の学校やPTA、地方自治体の講演やワークショップでこのプログラムを実施し、好評を得る。
2006年NPO法人ハートフルコミュニケーション設立。

執　筆　**米澤佐知子**（第1章～第4章）
　　　　畑さち子（第5章～第6章）
　　　　中曽根陽子（ワーク＆編集）

イラスト　**ひらさわきょうこ**

協　力　**後迫美奈子　桑原修子　副島眞由美　寺下和也**
　　　　森いづみ　渡邉典子　福田潔子

マンガ版 子どもが伸びる！ コーチングブック

2011年3月15日　第1刷発行

監修者　**菅原裕子**
著　者　**米澤佐知子・畑さち子・中曽根陽子**
発行者　**上野良治**
発行所　**合同出版株式会社**
東京都千代田区神田神保町1-28
郵便番号　101-0051
電話　03（3294）3506
振替　00180-9-65422
ホームページ　http://www.godo-shuppan.co.jp/

印刷・製本　**株式会社シナノ**

■刊行図書リストを無料進呈いたします。
■落丁乱丁の際はお取り換えいたします。

ISBN978-4-7726-1010-0　NDC599　210×148　©Yuko Sugahara, 2011